Rafael Aguirre

Ensayo sobre los orígenes del cristianismo

De la religión política de Jesús
a la religión doméstica de Pablo

Editorial Verbo Divino
Avenida de Pamplona, 41
31200 Estella (Navarra), España
Teléfono: 948 55 65 11
www.verbodivino.es
evd@verbodivino.es

La portada del libro reproduce la parte central del fresco del siglo III que ocupa un lugar solemne de la Catacumba de Priscila, en Roma. Se la conoce como *Fractio Panis* y representa la multiplicación de los panes y los peces, sin duda con sentido eucarístico. En ella destaca la presencia de varias mujeres, claramente identificables por sus tocados.

1ª edición (año 2001)
2ª edición (año 2024)
2ª reimpresión (año 2025)

© Rafael Aguirre. Editorial Verbo Divino, 2001

Impreso en España - *Printed in Spain*

Impresión: Liber Digital, Casarrubuelos (Madrid)

Depósito legal: NA. 541-2014

ISBN 978-84-1063-103-8

Contenido

Introducción

Este libro responde a dos preocupaciones que no corren paralelas, sino que se entrecruzan continuamente: por una parte, leer el Nuevo Testamento en su contexto social y cultural; por otra, captar la relevancia que para el presente puede tener el proceso histórico que se descubre necesariamente cuando se leen los textos de esta manera.

Es muy fácil descubrir en el Nuevo Testamento la existencia de una diversidad de géneros literarios y de posturas teológicas. Pero cuando se profundiza un poco más se descubre también una evolución muy notable a partir de Jesús y de su mensaje. Las cosas entonces se complican, pero también se vuelven mucho más apasionantes. Incluso los especialistas hoy nos dicen que en los mismos evangelios hay tradiciones distintas, de procedencias diferentes y con visiones no siempre iguales de Jesús. Pero sin entrar en ello, salta a los ojos la diferencia entre el Jesús que anuncia el Reino de Dios y el Pablo que prácticamente no habla del Reino, pero sí de edificar la comunidad, lo cual parece suponer que la entiende como una casa: "la casa de Dios", como no tardará en decir un discípulos suyo refiriéndose a la Iglesia (1 Tm 3,15).

Las relaciones de Jesús y Pablo han hecho correr ríos de tinta y han dado pie a polémicas enconadas. Para unos, Pablo es el inventor del cristianismo, al precio de tergiversar radicalmente el mensaje originario de Jesús. El Mesías fracasado es convertido por el apóstol de Tarso en Hijo de Dios glorioso. Para otros, Pablo es quien mejor comprendió a Jesús de Nazaret y quien lo interpretó de una forma más fiel. Ambas opiniones podrían ir avaladas por citas de numerosos autores, también de estudiosos españoles de nuestros días.

El problema es de gran envergadura, pero mi propósito es muy modesto. Me acerco de una forma muy fragmentaria a una problemática que ha producido investigaciones enormes, muy eruditas y apasionadas. Lo más normal ha sido plantear la cuestión de una manera ideológica, en el sentido de que se solía tratar de ver hasta qué punto el contenido de la predicación de Pablo está en continuidad o en ruptura con el mensaje de Jesús. Se explica porque los estudios solían realizarse en Facultades de Teología y muy condicionados por las disputas confesionales. Lo que yo propongo, como hilo conductor de estas páginas, es la consideración del cambio de las situaciones sociales de Jesús en Palestina y del movimiento cristiano en la cuenca del Mediterráneo. En un mundo en que había dos grandes ámbitos de experiencia, el *político*, el de la *polis*, el del ágora y la vida de las relaciones sociales oficiales, y el *doméstico*, el de la casa/*oikos*, el de las relaciones sociales extensas y profundas en el hogar y entre las familias, la religión, como la economía, no eran actividades autónomas y socialmente independientes, sino que estaban incrustadas en la vida política (cultos y ceremonias públicas) o en la vida doméstica (cultos y ceremonias en el hogar y en el seno de la familia).

Pues bien, las discusiones teológicas sobre las transformaciones teóricas y dogmáticas que se encuentran en el Nuevo Testamento —cómo Jesús pasa de ser el mensajero a ser el centro del mensaje, cómo se llega al culto de Jesús como Hijo de Dios, etc.— se podrían plantear de una forma mucho más adecuada si se atendiese a este fenómeno social previo y que todo lo condiciona: la religión política de Jesús, que anuncia el Reino de Dios a Israel, se transforma rápidamente en una religión doméstica[1] que se difunde a través de una red de co-

---

[1] Lo repetiré después, pero desde el principio deseo que quede claro que "doméstico", en el sentido del siglo I, en absoluto equivale a lo que hoy entendemos por

munidades inclusivas, mestizas, heterogéneas y muy ágiles. La superación de las barreras étnicas del judaísmo supuso, por una parte, la renuncia a la pretensión política que se expresaba en la proclamación del Reino de Dios y, por otra, la opción por extenderse a través de la mencionada red de comunidades domésticas, muy parecidas a las sinagogas de la diáspora judía, pero con la diferencia fundamental que suponía su apertura social y su plasticidad cultural.

De este proceso se habla en las páginas que siguen de una forma no exhaustiva y a modo de ensayo. La evolución del cristianismo primitivo, este paso de la religión política a la religión doméstica, de Jesús a Pablo, dicho de una forma un poco simplificada, se refleja en una serie de aspectos que no son más que meramente apuntados (la forma de entender la paz o el poder, por ejemplo).

El lector podrá comprobar que subrayo mucho la creatividad de Pablo y su diferencia respecto a Jesús; pero, al mismo tiempo, considero que es una recreación fiel de su inspiración originaria. Como historiador digo, obviamente, que las cosas pudieron haber sido de otra manera y, de hecho, hubo seguidores de Jesús que marcharon por caminos totalmente diferentes, de la mayoría de los cuales no queda hoy absolutamente nada. La interpretación creyente de esta historia sólo es posible descubriendo en ella la acción del Espíritu de Dios, que abre fronteras y lleva las cosas más allá de lo que hubiera podido deducirse de la letra de Jesús. De esto habla también un capítulo de este libro. La Iglesia posterior es inexplicable sin Jesús, pero no es legitimable por su mera vinculación con él. Y lo digo no sólo para combatir fundamentalismos, que se pueden dar tanto entre creyentes como entre no creyentes, sino también porque creo que, a veces, el redescubrimiento del Reino de Dios de Jesús es elevado a la categoría suprema de toda la vida cristiana posterior, pero sin captar la hondura y

---

privado. Nuestra forma occidental de entender la personalidad y la familia es muy diferente a la que existía en la cultura mediterránea del siglo I. Una preocupación central de estas páginas es precisamente evitar el anacronismo y el etnocentrismo a la hora de entender los textos bíblicos.

el valor de la transformación de la fe paulina. Yo diría que Jesús de Nazaret sí y Pablo de Tarso también". Y añadiría: pero críticamente, sin desconocer las diferencias y aprendiendo de ellas.

Nunca insistiremos bastante en que el Nuevo Testamento es un libro demasiado rico, complejo y hasta contradictorio como para quedarnos con unos textos en detrimento de otros o como para deducir soluciones claras y unívocas para los problemas actuales. Por supuesto, el hecho de aceptar todo el Nuevo Testamento no implica no saber establecer jerarquías entre sus textos –los hay más nucleares y más periféricos–, pero debe ayudarnos a afirmar simultáneamente su unidad y su pluralidad y, sobre todo, a descubrir debajo de sus letras un proceso vital, una historia real, que no es sólo fundante de nuestra fe, sino también paradigmática, porque en los tanteos y discernimientos, en la fidelidad y creatividad, encontramos algo mucho más valioso que recetas de actuación: criterios para situarnos cristianamente ante nuestra propia historia y bajo nuestra responsabilidad.

Este libro responde a una doble preocupación permanente: leer los textos, con la ayuda de las ciencias sociales que nos ayuden a contextualizarlos debidamente y a descubrir sus transformaciones; al mismo tiempo, captar la relevancia que estos viejos textos pueden tener para los creyentes de nuestros días. Pero este libro ha crecido poco a poco, a impulsos, a veces, de compromisos o de oportunidades. Como la vida misma, en lo fundamental tan poco programable: le dejo al lector que supla con un poco de agilidad vital lo que pueda faltar de sistematización y de coherencia a estas páginas. Y le deseo que su fe cristiana, si la tiene, lejos de arredrarse ante el espíritu crítico, sea una fuente de libertad vital e intelectual.

1

El Reino de Dios:
la religión política de Jesús

La religión política de Jesús

Es indudable que la expresión "Reino/Reinado de Dios" era central para Jesús. Cumple los requisitos del criterio histórico más estricto, el de desemejanza: no era de uso frecuente en el judaísmo y tampoco se explica como proyección del cristianismo primitivo, donde la expresión pronto cayó en desuso. Nos vamos a preguntar: ¿qué sentido tenía esta expresión para Jesús?, ¿qué implicaba su uso?, ¿cómo se relaciona con el conjunto de su mensaje?

Voy a comenzar con dos advertencias que nos ayudarán a situar el asunto. La primera es pertinente en este caso y a tener en cuenta también siempre cuando nos referimos al lenguaje bíblico e, incluso, teológico: el Reino de Dios en la Biblia no es un concepto claro y distinto, que se pueda definir con toda precisión. Es, más bien, un símbolo lingüístico evocador, sugerente, abierto. Lo que no nos exime de intentar descubrir el sentido en cada caso, sino todo lo contrario, porque puede ser utilizado de formas muy diferentes.

La segunda es la necesidad de realizar un esfuerzo para introducirnos en el mundo social en que se movieron Jesús y sus contemporáneos (valores culturales, convenciones no explicitadas pero supuestas por los escritores de los evangelios y por sus primeros lectores). El peligro del anacronismo y del etnocentrismo, es decir, proyectar nuestras propias categorías, erigidas en baremo de lo humano sin más, acecha siempre a la cultura occidental y, desde luego, a la exégesis bíblica más al uso. Por eso hay que tener muy presente que en el mundo antiguo greco-romano había dos grandes ámbitos de experiencia, el político (de *polis*, la ciudad) y el doméstico (de *oikos/domus*, la casa), dentro de los cuales se subsumían lo religioso y lo económico, que en el mundo moderno se han convertido en esferas autónomas y separadas de la actividad humana. En Roma había una religión pública, que evidentemente servía para legitimar el orden social y, sobre todo, a la persona del emperador, que venía a ser divinizada; pero también había una religión doméstica, que contaba con las deidades del hogar (lares, penates y los manes o espíritus de los antepasados), con sus altares, que los arqueólogos han encontrado por doquier, y con numerosos ritos que acompañaban la vida cotidiana y el ciclo vital de las gentes (nacimiento, pubertad, matrimonio, muerte)[2].

En Israel, el yahvismo es evidente que se trata de una religión política que invade todas los aspectos de la vida colectiva del pueblo, pero que tiene también una dimensión doméstica y familiar[3]. Sobre todo en la diáspora, donde los preceptos del yahvismo no podían aspirar a configurar la vida pública en su conjunto, el judaísmo vivía sus tradiciones étnicas en el seno de sus propias comunidades y de las familias[4].

Con el anuncio del Reino de Dios es claro que Jesús se sitúa en el ámbito de la religión política[5]. Jesús privilegia una expresión que procede directamente del ámbito público-político.

---

[2] "¿Hay algo más sagrado ni más respetable a los ojos de toda religión que la casa de un ciudadano? En ella están las aras, los hogares sagrados, los dioses Penates; en ella se hacen ceremonias, actos religiosos y sacrificios; es un refugio inviolable para todos, de donde a nadie se puede sacar sin cometer injusticia": Cicerón, *Dom.* 41, citado por P. A. Fernández Vega, *La casa romana*, Madrid 1999, 497.

[3] *Cf.* Dt 6,1-21. En la historia de Israel hubo momentos en los que la religión doméstica se alejó bastante del yahvismo estricto y aceptó usos sincretistas, dioses y diosas del entorno no judío.

[4] Flavio Josefo, *Contra Apion*, 1,60-61; 2,173-174.178.204; J. M. G. Barclay, "The Family as Bearer of Religion in Judaism and Early Christianity", en H. Moxnes (ed.), *Constructing Early Christian Families. Family as Social Reality and Metaphor*, Londres 1997, 66-80.

[5] G. Theissen, "Die politische Dimension des Wirkens Jesu", en W. Stegemann, B. Malina, G. Theissen, *The Social Setting of Jesus and the Gospels*, Minneapolis 2001; B. Malina, *The Social Gospel of Jesus. The Kingdom of God in Mediterranean Perspective*, Minneapolis 2000. Es evidente que la palabra "política" es usada aquí en el sentido aristotélico de procurar el bien común en la vida pública, y no en el sentido posmaquiavélico de pugnar por el poder del Estado.

Esto probablemente no es tenido suficientemente en cuenta por los estudiosos, pero es muy importante, porque las palabras que se usan no son etiquetas indiferentes o arbitrarias, sino que implican privilegiar determinadas experiencias al mismo tiempo que se contribuye a configurarlas y fomentarlas.

Para entender a Jesús hay que recurrir a la cultura mediterránea del siglo I, en la que se desenvuelve, con una atención especial, dentro de ella, a la tradición judía en la que nació, que está en el trasfondo de su predicación y ministerio y a la que siempre fue fiel. Pero también hay que tener en cuenta su gran personalidad, su honda y peculiar experiencia religiosa, su forma tan propia de reaccionar ante los condicionamientos sociales y de reconfigurar la tradición de su pueblo y su propio mundo cultural.

En la tradición de Israel había muchas maneras de hablar de Dios en su relación con la humanidad y la historia, no sólo Reino de Dios: alianza, mundo futuro, justicia y sabiduría de Dios, éxodo y nuevo éxodo... ¿Por qué Jesús privilegia de tal forma la expresión "Reino de Dios"? ¿Qué implicaciones tiene?

En la fe de Israel estaba muy presente la idea de que Dios era rey de toda la realidad por la creación y de Israel por la elección, lo cual se expresaba frecuentemente en contextos de alabanza y de acción de gracias. Sin embargo, la expresión exacta "Reino de Dios" *(basileia Theou)* sólo aparece en un lugar del Antiguo Testamento (Sabiduría 10,10). En los profetas encontramos algo nuevo que, en mi opinión, es decisivo para entender a Jesús. En momentos de opresión crítica –cuando los seléucidas ponen en crisis radical la identidad cultural y religiosa de los judíos, tal como se ve en el libro de Daniel, y en el momento del exilio en Babilonia, tal como se ve en el Deutero-Isaías– aparece muy viva la esperanza en la afirmación en la historia del Reinado de Dios, que habría de suponer la liberación de Israel de sus enemigos, la restauración de las doce tribus, la renovación del templo y, eventualmente, la resurrección de los muertos[6]. Reino de Dios es el clamor y la esperanza de un pueblo

---

[6] E. W. Stegemann - W. Stegemann, *Historia social del cristianismo primitivo,* Verbo Divino, Estella 2001, 282, afirma que el Reino de Dios "se trata, claramente, de un símbolo actualizado, sobre todo en situaciones de crisis".

oprimido que siente sobre sí con dolor el yugo de otros reinos y de otros señores que no son Yahvé, de modo que palpa lo que se opone radicalmente a la voluntad de Dios.

El Deutero-Isaías se dirige a un pueblo en el exilio y tan desesperado que se resiste a creer, a quien el dolor le ha hecho "ciego y sordo". El profeta despierta su esperanza con el anuncio de una manifestación futura del Reino de Dios, que tendrá carácter liberador:

> *"¡Qué hermosos son sobre los montes los pies del mensajero que anuncia la paz, que trae buenas noticias, que anuncia salvación, que dice a Sión: Ya reina tu Dios" (Is 52,7).*

Como dice Albertz, "la soberanía divina está relacionada con el derrocamiento del poder totalitario, pero su objetivo final es la liberación de los oprimidos y el fortalecimiento de los débiles y agobiados (40,29-31; 41,17). Se recupera así la experiencia primordial de liberación que marcó los orígenes de la religión yahvista"[7].

Siglos más tarde, el libro de Daniel vuelve a anunciar la irresistible instauración futura del Reino de Dios (3,31-33; 4,31ss; 6,26-28), y lo hace contra sectores reformistas que aspiraban a conseguir la benevolencia de los poderes extranjeros o, incluso, ganarlos para la fe. Daniel propugna una oposición frontal al reino seléucida. Merece la pena volver a citar a Albertz:

> *"La concepción teológica del Reino de Dios proporcionó al autor del libro arameo de Daniel un formidable potencial de crítica al poder desde el que, a la luz de la deplorable experiencia de los reinos helenísticos, podía poner en entredicho la legitimidad y la estabilidad de los grandes imperios de su tiempo"[8].*

En los capítulos 2 y 3 de Daniel se usa la imagen del Reino de Dios como una piedra que se desprende y destruye a los cuatro imperios opresores de Israel que le han precedido. En el capítulo 7 desarrolla más, siempre con el peculiar género apocalíptico, en que consiste el Reino de Dios en contraposición con los poderes políticos de su tiempo. Se trata de una visión en la que sucesivamente van surgiendo del abismo del

---

[7] R. Albertz, *Historia de la religión de Israel en los tiempos del Antiguo Testamento, t. II,* Madrid 1999, 550.

[8] *O. c.,* 817.

mar cuatro bestias, que representan a los imperios opresores. En contraposición ve después, viniendo entre las nubes del cielo, una figura humana, como "un hijo del hombre", que se acerca al Anciano de muchos días, que está sentado en su trono. Esta figura humana simboliza al pueblo de los fieles y justos, que va a recibir de Dios la gloria y el poder. Daniel subraya que el Reino de Dios, en contraste con los reinos que le han precedido hasta ahora, se caracterizará por unos rasgos profundamente humanos. Es una invitación a resistir al poder político divinizado y a sus seducciones, no mediante la violencia, pero sí con una resistencia vigorosa ante sus imposiciones, que puede llegar incluso hasta el martirio[9]. Daniel deja claro que la pronta venida del Reino de Dios tendrá un carácter liberador y humanizador.

De lo dicho se sigue algo muy importante y que suele pasar desapercibido en la exégesis: el anuncio de Jesús del Reino de Dios implicaba una crítica de la teología imperial[10], que no podía pasar desapercibida a sus contemporáneos. En efecto, la legitimación religiosa de la *pax romana* y de la persona del emperador[11] era omnipresente y aparecía en las monedas de uso cotidiano, en los monumentos, en las inscripciones públicas, en las ceremonias, en las obras de literatura, etc. Erigir a Dios en el único absoluto y proclamar su reinado era, sin duda, criticar al emperador y su poder, que pretendían constituirse en instancia última de las vidas y de las conciencias. El Reino de Dios contenía una fortísima carga de crítica social, a la vez que es la típica expresión de la espiritualidad de los pobres, que esperan un cambio de la situación.

---

[9] R. Albertz, *o. c.,* 819.

[10] J. R. Fears, "The Cult of Jupiter and Roman Imperial Ideology", en *ANRW* II, 17, 1, New York/Berlin 1981, 3-141; S. R. F. Price, *Rituals and Power: The Roman Imperial Cult in Asia Minor,* Cambridge 1984; D. N. Schowalter, *The Emperor and the Gods: Images from the Time of Trajan,* Minneapolis 1993; K. Wengst, *Pax Romana and the Peace of Jesus Christ,* Philadelphia 1987; R. A. Horsley (ed.), *Paul and Empire. Religion and Power in Roman Imperial Society,* Harrisburg 1997.

[11] "La ideología política se formulaba en términos teológicos y se expresaba a través del culto y del ritual... Este aura de legitimación sobrenatural se encerraba y se expresaba a través de la figura del monarca... una imagen del emperador como la encarnación visible del orden cósmico, divinamente ordenado a asegurar la prosperidad del género humano": J. F. Fears, art. c., 7-9.

Se dice, con un punto importante de razón, que cuando se habla de "la venida del Reino de Dios" se trata de evocar, más que un territorio o una situación material, la venida de Dios mismo con su poder y soberanía. Pero hay que decir algo más. Por supuesto que se trata, ante todo, de una afirmación teológica sobre Dios y su cercanía, pero la expresión "Reinado" implica una forma determinada de entender el acercamiento de Dios y evoca incidencia histórica, alternativa transformadora, denuncia de otros dioses y de otros señores. Puede parecer peligroso decirlo, y la distancia cultural nos debe hacer muy cautos a la hora de entenderlo, pero es indudable que en aquel tiempo y en Israel la expresión "Reino de Dios" implicaba un ideal político teocrático.

Ambigüedad del Reino de Dios

Pero detengámonos un momento en las innegables dificultades que presenta la expresión "Reino de Dios". En efecto, se trata de una expresión ambigua: se puede entender de formas diferentes y hasta contradictorias, puede tener funciones sociales diferentes e, incluso, opuestas. En realidad, esto sucede siempre con el lenguaje religioso. En nombre de Dios se han liberado grandes energías de amor desinteresado y heroico, pero también se ha ejercido la violencia y se han legitimado guerras. Pongamos algunos ejemplos.

El Reino de Dios se ha entendido a veces como algo interno e inverificable, algo así como el reino de la gracia en las almas. Pero también se ha entendido como algo social, público, abarcante de toda la realidad.

El Reino de Dios, con frecuencia, ha promovido actitudes conservadoras y nostálgicas de situaciones pasadas, en las que la religión tenía un papel mayor y la Iglesia ocupaba un lugar social central. Pero también ha dado pie a actitudes revolucionarias, a veces hasta considerando que el cambio social nos acerca al Reino de Dios y, en todo caso, con el convencimiento de que este reino nos obliga a luchar para transformar una realidad sometida a soberanías muy distintas a la de Dios.

En la historia tenemos ejemplos de que el Reino de Dios ha fomentado el quietismo, porque si es de Dios y está en sus manos nada puede hacer el ser humano. Pero también se ha traducido en talantes de activismo, que hablan, incluso, de "construir el Reino de Dios", porque su esperanza lleva al compromiso en la historia y es como una utopía de futuro que pone incansablemente en movimiento.

En el nombre del Reino de Dios se han legitimado sistemas teocráticos porque se les consideraba instrumentos para la encarnación plena de la voluntad divina en la historia, pero otras veces se subrayaba el carácter trascendente del Reino de Dios, de modo que toda realización histórica quedaba relativizada, secularizada y criticada.

La ambigüedad social del Reino de Dios aparece ya en el Antiguo Testamento. Cuando la monarquía se instaura en Israel, la ideología hegemónica la acepta y ve en el rey al vicario de Dios, que es, en realidad, el verdadero rey de Israel. Pero hay otra línea, antimonárquica, de la que se conservan rasgos minoritarios, pero claros en la Biblia. Ve en la instauración de la monarquía un atentado contra Yahvé, el único rey de Israel. Los ancianos de Israel dicen a Samuel: *"Mira, tú te has hecho viejo... Pues bien, haznos un rey para que nos juzgue, como todas las naciones"*. Samuel, disgustado, invoca a Yahvé y éste le responde: *"No te han rechazado a ti, me han rechazado a mí, para que no reine sobre ellos"* (1 Sam 8,5-7).

Para el Deuteroisaías y Daniel –como ya hemos visto–, el Reino de Dios supone una crítica radical de la teología imperial, babilónica o griega, y es la promesa de una alternativa transformadora, que llena de alegría y esperanza a los exiliados y a los oprimidos. Con la expresión "Reino de Dios" los dos libros mencionados ponen de manifiesto la fe y la esperanza de Israel en momentos de particular opresión y aplastamiento. En cambio, el Cronista, que escribe después del exilio y procede de círculos levíticos, usa el símbolo Reino de Dios para legitimar y exaltar el antiguo reino de David. Afirma que este reino de David fue el Reino de Dios sobre la tierra (1 Cr 17,14 comparado con 2 Sam 7,16; 2 Cr 9,8 comparado con 1 R 19,9). Tiene una visión teocrática del pasado y considera que la comunidad judía del retorno, la de Zorobabel y Nehemías, se aproxima a este ideal (Neh 12,44-47). El símbolo Reino de Dios sirve para idealizar el pasado del pueblo y recrear su identidad tras la catástrofe del exilio, mientras que en el Deuteroisaías desarrolla una función de tensión y esperanza hacia el futuro.

En la pregunta de los discípulos en el momento mismo de la ascensión de Jesús, tal como la narra los Hechos (1,6), "¿Señor es ahora cuando va a restablecer el reino de Israel?", se expresa plenamente la ambigüedad del Reino de Dios, la diferencia entre Jesús y los discípulos a la hora de entenderlo.

Esta ambigüedad la experimentó probablemente el mismo Jesús en su propia carne. Entiende de una forma muy diferente los caminos del Reino al principio, cuando lleno de optimismo proclama en Galilea "la Buena Noticia de que el tiempo se ha cumplido y el Reino de Dios está a la puerta" (Mc 1,15), y al final, cuando en la noche oscura de Getsemaní siente que sus proyectos se han roto, que la venida del Reino no es algo lineal, y tiene que aceptar su propia muerte como un servicio al Reino que está en las manos misteriosas de Dios.

Se impone la cautela ante la insuperable ambigüedad y relatividad del lenguaje sobre el Reino de Dios, que debe acompañarnos siempre para mantener la conciencia del misterio cuando hablamos de Dios. Pero volvamos ahora al sentido jesuánico de la expresión.

El Reino futuro y ya presente

Para Jesús, el Reino de Dios se entiende como la afirmación histórica de la soberanía de Dios, la revelación de su misericordia y de su soberanía, que ha de cambiar de raíz la realidad; es algo que se espera para un futuro cercano, pero que ya se está abriendo paso en la historia.

Para Jesús, esto es una gran noticia, buena y esperanzadora, y quiere que todos los seres humanos despierten con el alborear de este nuevo mundo y vivan de él y para él: "El tiempo se ha cumplido y el Reino de Dios está llegando. Convertíos y creed en esta buena noticia". El corazón de la experiencia religiosa de Jesús se expresa en la oración que le caracterizaba y que enseñó a sus discípulos: *"Padre nuestro, venga a nosotros tu reino"*. A veces se discute qué es lo primero en el mensaje de Jesús, la teología (la vinculación con el Padre) o la escatología (la afirmación de su irrupción decisiva en la historia). En realidad, se trata de dos aspectos inseparables: porque Dios es Padre/*Abbá* es por lo que irrumpe con su poder y con su amor; y, viceversa, es a través de la escatología, de su oferta gratuita y definitiva, como accedemos a la teología, le conocemos como Padre.

Porque, en efecto, el Reino de Dios es el Reino del Padre. Jesús habla continuamente del Reino de Dios e, incluso, usa expresiones sobre él sin parangón en el judaísmo, pero se ha notado que no utiliza prácticamente nada la imaginería real para hablar de Dios. Un autor judío, de quien procede un importante estudio histórico sobre Jesús, dice las siguientes palabras:

> "Sería difícil demostrar que Dios rey era una idea central de su pensamiento..., se plantea la sorprendente situación de que un maestro religioso, cuyo mensaje se centra en la predicación del Reino de Dios, eluda deliberadamente, incluso en las ocasiones en las que parecería de lo más natural, la aplicación de la metáfora regia de uso común para la deidad"[12].

En la exégesis reciente se ha estudiado y hablado mucho de la presentación que Jesús hace de Dios como Padre, sobre todo a partir de los trabajos de J. Jeremias[13] sobre el uso de la palabra aramea *Abbá*, que Jesús usa siempre para referirse y para invocar a Dios. Es una palabra del lenguaje filial, que, al parecer, no se usaba para la relación con Dios. El mencionado estudioso alemán ve en este uso lingüístico sorprendente la expresión más clara de la peculiar experiencia religiosa de Jesús. Esta teoría ha sido sometida a examen crítico varias veces y parece que, en lo fundamental, se confirma su validez. Sin embargo, no siempre se ha evitado sacar conclusiones anacrónicas partiendo de las relaciones paterno-filiales típicas de las sociedades occidentales de nuestros días, con su concepto de padre muy cercano y, en buena medida, colega del hijo. El

---

[12] G. Vermes, *La religión de Jesús el judío*, Barcelona 1993, 166.

[13] Este autor ha expuesto su teoría en varias obras. La exposición más completa y madura se encuentra en *Abba. El mensaje central del Nuevo Testamento,* Salamanca 1981, 17-90.

lenguaje de la paternidad, que sin duda Jesús usa para expresar la relación con Dios, tenía en aquel tiempo dos notas características.

En primer lugar, el padre exigía respeto, obediencia, sumisión, cumplimiento de su voluntad e imitación. El hijo nunca se independizaba del padre, que mantenía siempre su autoridad sobre sus hijos. En segundo lugar, también es verdad que el padre da la vida al hijo, le mantiene, vela por él, le ayuda y protege, de modo que se da una indudable relación de confianza. El padre no era un patrono más para el hijo[14].

Precisamente para evitar el anacronismo tenemos que tener muy presente que una característica esencial de la cultura mediterránea del siglo I era la solidaridad del clan familiar, concretamente entre los hijos, la fuerza enorme de los vínculos de la fraternidad. La íntima vinculación con el padre a quien se obedece y de quien se depende, crea unos lazos de unión muy fuertes entre los hijos. El reino del padre es la fraternidad entre los hijos.

El Reino de Dios Padre se va a afirmar en el futuro, pero está muy cercano; de alguna manera se está ya haciendo presente. Por supuesto, Jesús cree, como judío fiel, que Dios es siempre rey de toda la creación y, de forma particular, rey de Israel por la elección. Pero Jesús está diciendo algo más. Está diciendo que el Reino de Dios futuro y escatológico, su in-

---

[14] B. J. Malina, en el libro citado, insiste en que la situación del campesinado galileo del siglo I era dificilísima, hasta el punto de que fallaba la estructura del patronazgo a la cual poder acogerse. Por eso, continúa el autor mencionado en su interesantísimo libro, cuando Jesús presenta a Dios como padre lo está presentando como el patrón eficaz del que carecen aquellas gentes y a cuya benevolencia cercana, su reinado, pueden acogerse. Estando de acuerdo con lo fundamental de la opinión mencionada, pienso que un padre era algo más que un patrón para sus hijos. En otras palabras: el "escenario" patrón-cliente no es exactamente igual al de padre-hijo, aunque, por supuesto, éste fuese en la Palestina del siglo I muy diferente a la forma actual de entender las relaciones paterno-filiales. D. E. Oakman, "The Lord'a Prayer in social Perspective", en B. Chilton - C. A. Evans (eds.), *Authenticating the Words of Jesus*, Leiden 1999, insiste con razón en que no se puede entender la invocación *Abbá*/Padre, con la que Jesús se dirige a Dios, a la luz de las relaciones paterno-filiales existentes en nuestros días, pero, en la misma línea de Malina, dice que Jesús "invoca la generosidad y benevolencia de un rey que actúa como un patrono". Pero, en mi opinión, también en aquella cultura era muy diferente hablar de un rey o de un padre. E, insisto, las relaciones con el propio padre no eran equiparables a las que se mantenían con un patrono normal. Creo que esta observación no es irrelevante, porque está en juego la interpretación de la experiencia religiosa de Jesús.

tervención gratuita, sólo explicable por la entrega de su amor, que va a cambiar todas las cosas, está irrumpiendo ya en el mundo, nos está llegando, la podemos descubrir y aceptar.

Jesús nos alerta sobre algo nuevo que sucede en la historia, que nos viene de afuera, que nos sorprende e interpela, que nos abre un horizonte insospechado, que no se debe a la mera evolución de la vida ni a la maduración de la conciencia humana, que se debe al amor gratuito y desbordante de Dios. Jesús proclama la presencia del Reino de Dios futuro, habla de la interpenetración histórica de la salvación.

Es instructiva la diferencia del mensaje de Jesús con la apocalíptica. Ésta suele tener una visión dualista de la realidad y contrapone radicalmente *"este mundo"*, que está totalmente corrompido y dominado por las fuerzas del mal, al *"mundo futuro"*, que se afirmará tras la destrucción de este mundo y será el triunfo pleno y definitivo del bien y de Dios.

Para Jesús, en cambio, este mundo no está radicalmente corrompido. La salvación de Dios está presente interpenetrando nuestra historia. Para nada tiene una visión ingenua y superficialmente optimista de las cosas. Al contrario: Jesús lucha contra los espíritus impuros, se conmueve ante el dolor de la enfermedad y de la muerte –los enfermos le rodean por todas partes–, se indigna ante la injusticia, se duele ante el pecado, no acepta el sistema de etiquetaje y marginación con que algunos pretenden salvar su conciencia y separarse de los demás. En nuestra terminología diríamos que, para Jesús, en el mundo hay mal, pero también hay gracia; hay expresiones del mal y del pecado, pero también hay signos históricos del Reino de Dios que ya se está haciendo presente: *Si yo expulso a los demonios con el espíritu de Dios es que el Reino de Dios ya está entre vosotros.* Para Jesús, los signos históricos de la presencia del Reino de Dios son signos que sanan y dan vida, que liberan y limpian, que dan esperanza a los pobres (Mt 11,5; Lc 7,22).

Más aún, para Jesús la gracia es más fuerte que el pecado, y está convencido de que el Reino de Dios prevalecerá sobre todos los poderes adversos: en realidad, ha llegado ya el más fuerte, que ha reducido a quien pretendía saquear la casa (Mc 3,23-27). Por eso, cuando *"regresaron los setenta y dos alegres diciendo: 'Señor, hasta los demonios se nos someten en tu nombre'. El les dijo: 'Yo veía a Satanás caer del cielo como un rayo'"* (Lc 10,17-18).

Para Jesús, Dios y su Reino es una buena noticia, porque abre un horizonte insospechado, ante todo, para Israel de vida reconciliada, de superación del mal y de liberación de la opresión. Dios no se anuncia como una realidad teórica, llena de asombrosos atributos, pero indiferente o al margen de la existencia de los humanos. Al contrario, Dios es conocido como oferta de vida para la humanidad. Para Jesús, encontrarse con Dios es lo mejor que le puede suceder al ser humano. Si no se experimenta a Dios como algo bueno y que llena la vida de alegría y de sentido, no se conoce aún al Dios de Jesús. Esta experiencia Jesús la evoca con dos bellísimas parábolas, las del tesoro y la perla (Mt 13,44-46). Un hombre camina por un campo en el que hay enterrado un tesoro, pero cuya existencia él desconoce. La cosecha que se avecina es espléndida, la mañana está bellísima y aquel hombre no echa en falta nada. Pero cuando se entera de que hay enterrado un tesoro valiosísimo, cambia radicalmente su manera de ver el campo. Ahora, ese tesoro se convierte en lo más importante, hasta el punto de que está dispuesto a entregarlo todo para poder hacerse con él. Es evidente que el campo estaba muy bien en sí mismo, con su cosecha en flor, con su paisaje y sus pájaros; no le faltaba nada. El tesoro no es cosa producida por la tierra. Alguien lo ha tenido que introducir desde afuera. Pero también es verdad que, una vez que se ha descubierto el tesoro, ya no se puede vivir sin él. Es un horizonte gratuito, ciertamente, pero que ensancha la vida, la llena de alegría y ninguna renuncia ni ninguna decisión resultan dolorosas con tal de poder conquistarlo. Hay quienes no conocen al Dios de Jesús y no le echan en falta. No hay duda de que su vida puede ser bella y honesta. Pero cuando se descubre de verdad al Dios de Jesús, con su oferta de amor que quiere penetrar por todas la rendijas de la vida humana para elevarla gratuitamente a un horizonte insospechado, entonces todo cambia, se experimenta sorpresa y alegría infinita ante este regalo –gratuito, entramos en la lógica del don–, pero que responde plenamente a las inquietudes humanas más profundas, que confiere un sentido pleno a la vida y a la historia y ya no se puede vivir sin él.

Creo que lo dicho responde rigurosamente a la predicación histórica de Jesús. Todo esto podría acompañarse de discusiones técnicas, de referencias a autores, de innumerables citas a pie de página. Pero lo vamos a dejar para otro momento, porque ahora lo que pretendía es ir a lo esencial. Pero un breve apunte más académico sí me parece necesario.

Las discusiones de los exégetas en torno a la forma de entender el Reino de Dios en la predicación de Jesús han sido prolongadas, muy técnicas y, con frecuencia, apasionadas. Durante mucho tiempo, ha predominado una comprensión radical y exclusivamente futurista del Reino de Dios. Se veía a Jesús como un apocalíptico, y la venida del Reino se entendía como una catástrofe cósmica que él esperaba muy próxima. Ahora en algunos círculos que se hacen notar mucho y que tienen una pretensión muy decidida de llegar a la opinión pública, me refiero sobre todo al norteamericano Jesu Seminar[15], se defienden opiniones que se encuentran en el polo opuesto. Piensan que todos los dichos que hablan del Reino futuro son creación de la comunidad y no atribuibles al Jesús histórico. Las grandes dificultades, que atribularon a la historia judía en torno a la fecha en que se escribieron los evangelios y que repercutieron en la comunidad cristiana, explica que surgieran en el seno de ésta importantes tradiciones apocalípticas, que se proyectaron hacia atrás, hacia el tiempo de Jesús; es decir, piensan que hubo una cierta apocaliptización de la tradición evangélica. Pero Jesús, históricamente, se sitúa más bien en la línea sapiencial; su predicación del Reino de Dios no tiene una dimensión de futuro, sino que se refiere a la soberanía presente de Yahvé, que invita a ser aceptada y abre

---

[15] El grupo ha escrito un libro que es básico para conocer su metodología, sus propósitos y sus opciones exegéticas: R. W. Funk, R. W. Hoover and The Jesus Seminar, *The Five Gospels. The Search of the Authentic Words of Jesus*, Nueva York 1993. Posteriormente han escrito otro que abarca las acciones o hechos de Jesús: R. W. Funk and The Jesus Seminar, *The Acts of Jesus. What did Jesus really do?*, Nueva York 1998. Los miembros de este grupo han escrito mucho. Una breve presentación de sus características fundamentales en R. Aguirre, *Aproximación actual al Jesús de la historia* (Cuadernos de Teología Deusto 5), Bilbao 1996. Una obra muy representativa y que ha tenido una gran difusión es la de J. Crossan, *Jesús: vida de un campesino judío*, Barcelona 1994.

una posibilidad inaudita de libertad personal y de espíritu crítico ante toda realidad.

Creo que es verdad que Jesús no es un apocalíptico y que hubo cierta apocaliptización de la tradición evangélica. Pero no se puede eliminar en absoluto toda dimensión futura del Reino de Dios en la predicación de Jesús. Sólo se puede hacer al precio de forzar extraordinariamente los textos evangélicos. Por otra parte, es indudable que el mensaje de Juan Bautista está volcado hacia el futuro (*"la ira inminente..."*), lo mismo que el de la comunidad cristiana primitiva (la parusía inminente). Parece imposible eliminar el aspecto futuro de la predicación de Jesús, que está entre ellos.

No hay oposición entre el presente y el futuro del Reino de Dios. Precisamente porque ya está irrumpiendo en el presente es por lo que su manifestación futura será irreversible. Es como el grano que un hombre siembra en la tierra y que tiene una fuerza en sí mismo para garantizar la eclosión de una cosecha espléndida. Hay varias parábolas que, hablando de la diminuta mostaza o del grano enterrado en la tierra, quieren subrayar el contraste entre la pequeñez de los inicios y la grandeza sorprendente del final, pero que también implican una cierta continuidad y son, por eso, una invitación a descubrir la obra de Dios ya escondida en medio del anonimato y pequeñez de la vida cotidiana.

La realidad histórica del Reino de Dios no viene comparada con un imperio político ni con nada poderoso; no viene comparada con bestias enormes, pero tampoco con un pueblo de santos, como en el capítulo 7 del libro de Daniel. Viene comparada con una semilla pequeña, que da vida enterrándose y muriendo, sin forzar, en virtud de un poder misterioso e incomprensible.

El Reino de Dios es de Dios

La redundancia del encabezamiento que precede no es inútil. Quiere subrayar que el Reino de Dios es un ofrecimiento gratuito, que supera las posibilidades humanas y abre un horizonte que el ser humano con sus solas fuerzas no hubiese podido alcanzar ni otear. Precisamente porque es lo definitivo no se impone históricamente como un poder o con poder (el poder, que puede ser necesario y que no es malo en sí mismo, es siempre expresión de la limitación e imperfección de lo histórico). El Reino de Dios es oferta desarmada a la libertad humana. El ser humano está invitado a descubrirlo, acogerlo, agradecerlo, vivirlo con alegría y dejarlo fructificar. Jesús deja muy claro que el Reino es de Dios: *"...el grano brota y crece, sin que el hombre sepa cómo"* (Mc 4,27). *"Si el Señor no construye la casa, en vano se fatigan los albañiles"*, dice el salmo; *"la nueva Jerusalén desciende del cielo"*, según el Apocalipsis. La plenitud que esperamos no es conquista, sino don de Dios; la esperanza se apoya en su promesa y no en nuestras fuerzas. En medio de una civilización técnica que enfatiza tanto las conquistas y creaciones del hombre, Dios se hace presente como interrupción, como gracia, como otra dimensión. Para aceptar a Dios y su Reino hay que ser oyentes atentos de lo que está más allá de toda palabra y cultivar la capacidad contemplativa, acogedora, humilde y agradecida del ser humano[16].

He hablado de los condicionamientos sociales de la predicación de Jesús y del mundo social dentro del cual hay que entenderlo, pero hay que añadir –en realidad lo dejé ya anunciado al principio– que no se puede entender históricamente a Jesús si no se tiene también muy presente que es un hombre del espíritu, un gran carismático, que vive a partir de una poderosa experiencia de Dios que se le impone. La experiencia religiosa supone siempre un momento de pasividad, de contemplación, de abrirnos al misterio de Dios que nos envuelve y, eventualmente, irrumpe en nuestra vida. Descubrir el Reino de Dios implica profundizar en la realidad –no

---

[16] Quiero citar un libro rigurosamente filosófico, pero que me parece que hunde sus raíces en la cultura generada por la tradición bíblica. Me refiero a D. Innerarity, *Ética de la hospitalidad*, Barcelona 2001. El ser humano no es sólo ni en primer lugar un creador de sí mismo y de la historia, como tanto se ha subrayado desde la Ilustración, sino que, ante todo, recibe y se ve obligado a aceptar lo que le acontece, tantas cosas que él no había planificado. La hospitalidad, la acogida del huésped inesperado, tan importante en la tradición bíblica, se convierte en metáfora preciosa de la vida humana. Si algo es el Dios de Jesús es lo inesperado y gratuito, que irrumpe pero que no se impone, que se puede acoger y que, entonces, cambia la existencia, porque el huésped se convierte en anfitrión de una realidad insospechada.

evadirnos de ella– salir de nosotros mismos. El ser humano, porque posee libertad e inteligencia, puede distanciarse de lo inmediato, a lo que nos adhieren los sentidos, es decir, es excéntrico, puede remitirse a algo que está fuera de él mismo. Y ésta es la condición de posibilidad de la fe y de la vida religiosa. La alteridad, el ser remitido a los otros, es un aspecto de esta capacidad del ser humano de no erigirse en centro de sí mismo. La excentridad positiva, la que no es disolvente o disgregadora, se expresa como alteridad altruista.

El Reino de Dios, como ya he dicho antes, no es producto de la evolución, ni la simple maduración de la conciencia humana, sino la irrupción gratuita de Dios con su oferta de salvación. Lo primero que exige por parte del hombre es cultivar su capacidad de acogida de lo trascendente y de agradecimiento de lo gratuito y, por supuesto, de no perder y dejar fructificar lo que le ha sido dado. Aceptar el Reino de Dios desfanatiza y, al mismo tiempo, responsabiliza en la historia.

A veces se usa una expresión que se puede entender bien en su uso pastoral, pero que no es evangélica y, en el fondo, me parece contraproducente. Me refiero a la expresión "construir el Reino de Dios". Es un lenguaje marcado excesivamente por el productivismo moderno y burgués.

Hemos visto que el Reino de Dios en boca de Jesús implicaba una crítica de la teología imperial, y es que, cuando se proclama a Dios como el verdadero Rey, la mirada se hace crítica en el presente y se levanta hacia el futuro.

El Reino de Dios implica siempre una experiencia de contraste con la realidad presente y afina la mirada y la sensibilidad para criticar las injusticias de toda situación dada, porque nos remite a un futuro de libertad y de justicia plena. El Reino de Dios no deslegitima todo poder, pero sí lo relativiza impidiendo que se convierta en instancia última.

El Reino de Dios nos hace especialmente conscientes de la misma limitación humana. El Reino es, por fin, crítica de un antropocentrismo reductor que sofoca la dimensión contemplativa, que no se abre a lo trascendente y, casi necesariamente, empequeñece la captación de la realidad.

Experiencia de Dios y experiencia de la realidad

Para Jesús, el Reino de Dio implica una experiencia de Dios que es, a la vez e inseparablemente, una experiencia de la realidad. He insistido en que Jesús no es un mero maestro de doctrinas intemporales y que para entender su mensaje es imprescindible situarle en las circunstancias concretas en que se desenvolvió.

La sociedad palestina del tiempo estaba atravesada por una grave crisis. Las dificultades económicas del pueblo eran enormes, como resultado, entre otros factores, de las grandes cargas impositivas de los herodianos, con las que financiaban su política de obras públicas, y el proceso de urbanización y de helenización ponía en crisis las formas tradicionales de vida. Diversos movimientos judíos, siempre de expresión religiosa, intentaban responder a esta situación.

Jesús expresaba religiosamente la protesta ante la realidad y los anhelos de algo alternativo de los campesinos galileos. El Reino de Dios no es la legitimación religiosa de lo existente, sino, al contrario, su denuncia y la afirmación de que Dios abre otras posibilidades en la realidad. Jesús empalma y desarrolla enormemente la tradición profética que recurre al símbolo "Reino de Dios" para expresar la protesta contra los reinos que oprimen, consolar a los que sufren y prometer la intervención liberadora de Dios. Descubrir en la realidad el Reinado de Dios o situar la realidad en el horizonte del pleno Reinado de Dios futuro implica ver y valorar la realidad de una forma muy diferente a la ideología hegemónica.

Esto es central en el Evangelio y explica, en última instancia, el conflicto mortal de Jesús con las autoridades que custodian el orden social vigente. Vamos ahora a fijarnos brevemente en algunos aspectos del mensaje y de la actitud de Jesús.

– Cuando anuncia programáticamente el Reino de Dios siempre dice que es una buena noticia para los pobres ("Bienaventurados los pobres, porque vuestro es el Reino de Dios", Lc 6,20; Mt 5,3; *cf.* Lc 7,22-23; Mt 11,4-6; Lc 4,16-21). No se trata de que los pobres sean especialmente virtuosos o meritorios. No hay idealización alguna ni de los pobres ni de la pobreza. Al contrario, la pobreza resulta con frecuencia deshumanizadora y muy poco propicia para fecundar virtudes morales. La pobreza es vista como un mal, como algo que causa sufrimiento y se opone al plan de Dios, como producto de la injusticia y expresión de la falta de fraternidad.

Dios es como un padre que ama a todos sus hijos, pero que vela de una forma urgente y especial por el hijo más desfavorecido y necesitado. El Reino de Dios no consiste en la prolongación de lo existente, sino en una presencia justiciera y amorosa que lo interrumpe, lo critica e, incluso, lo invierte. La primera bienaventuranza no es una enseñanza moral sobre los pobres o la pobreza, sino un mensaje teológico sobre Dios y lo que implica la afirmación histórica de su reinado: la liberación de los pobres, de los hambrientos y sedientos, de los afligidos... La afirmación histórica de Dios pasa necesariamente por la afirmación de la fraternidad y de la justicia.

El Reino de Dios es una buena noticia para los pobres y, de hecho, Jesús suscitó un eco positivo siempre, desde el principio (Mc 1,33.37.45; 2,2; 3,7-8; 4,1, etc.) hasta el final (Mc 11,32; 12,12.37; 14,1-2), entre los campesinos pobres de Galilea. Pero también es verdad que hubo quienes sintieron el Reino de Dios como una mala noticia, como una amenaza a sus intereses inmediatos y, por eso, reaccionaron desde el principio contra Jesús y acabaron crucificándole. El Reino de Dios se capta de forma muy diferente según el lugar social que se ocupe.

— El hecho de comer con pecadores y publicanos es un dato indudable en la vida de Jesús, que le costó críticas feroces. Jesús se expresa no sólo a través de palabras, sino también con lo que se suelen llamar "signos proféticos", realizados en momentos muy especiales de su vida y que ponen de manifiesto aspectos claves de su mensaje y de su proyecto. Pues bien, la comensalidad abierta de Jesús, sentarse a la mesa con gente estigmatizada religiosa y socialmente, con impuros, era el signo más claro y provocativo del carácter inclusivo y abierto del Reino de Dios.

Es necesaria una pequeña explicación antropológica para entender lo que está aquí en juego[17]. Los ritos de mesa pertenecen, junto al idioma, a la entraña más característica de una cultura. En efecto, en toda cultura hay una serie de normas sobre con quién se puede comer, cuándo, cómo, qué se puede y qué no se puede comer, etc. Estas cosas eran y son de especial importancia en el judaísmo precisamente por el singular empeño de este pueblo por mantener una cultura definida étnicamente. Existen las llamadas normas de pureza –lo que no se puede comer, con quién no se puede comer–, que, en el fondo, lo que pretenden es mantener la identidad étnica del propio pueblo, y para ello crean barreras que lo separan de los demás y que suponen, a la vez, el control de los miembros del propio grupo. No se podía comer con paganos, ni con judíos impuros, ni con quienes eran tenidos por pecadores por su origen social o por el oficio que desempeñaban.

Jesús no respeta estas normas. Come con pecadores y publicanos (Mc 2,13-17); se hospeda por propia iniciativa en casa de un jefe de publicanos, un pecador público (Lc 19,1-10); acepta en un banquete la cercanía y el contacto de una mujer de pésima reputación (Lc 7,36-50). Pocos etiquetajes más denigratorios y estigmatizantes que el que le aplican a Jesús: *"Comilón y borracho, amigo de publicanos y pecadores"* (Lc 7,34).

¿Por qué actúa Jesús así? Simplemente, porque quiere hacer presente a un Dios que es misericordioso, que se acerca a todos para ofrecer su amor y, con esto, abole toda legitimación religiosa de la marginación de unos o de la superioridad de otros.

El Dios de Jesús no es el santo al que se acceda por medio de separaciones de lo profano, que es lo que pretenden las normas de pureza; al contrario, Él es el misericordioso al que se accede en la medida en que se practica la misericordia, la solidaridad eficaz con los más necesitados.

Los movimientos de renovación religiosa existentes en el judaísmo del tiempo eran de carácter exclusivista, es decir,

---

[17] Puede verse mi libro *La mesa compartida. Estudios del Nuevo Testamento desde las ciencias sociales*, Santander 1994.

pretendían reforzar las normas de pureza para garantizar la "santidad" de Israel. Los fariseos (su nombre quiere decir etimológicamente "los separados") se caracterizaban por una minuciosa casuística tendente a extender a todas las circunstancias de la vida cotidiana unas normas de pureza que tenían su origen en el culto y en el templo. Los esenios daban un paso más y llevaban este afán por la pureza hasta el punto de que se separaban físicamente del resto de la gente, se iban al desierto y allí, en unas condiciones especiales y propicias, cultivaban las normas de pureza, de forma que se consideraban el resto santo, porque Israel estaba contaminado y era impuro. Por el contrario, el movimiento de Jesús es inclusivo; se dirige a todo el pueblo sin excepción e incluso de una forma peculiar busca la cercanía de los tenidos por pecadores e impuros, es decir, de los marginados del sistema teocrático. En la raíz del anuncio jesuánico del Reino de Dios está una experiencia de Dios que hace ver y valorar la realidad de otra manera, que descubre posibilidades inéditas, que critica lo establecido y promueve un movimiento contracultural. Una reconstrucción histórica del proyecto de Jesús —y no es otra cosa lo que se encierra en el símbolo del Reino de Dios— no es válida si no es capaz de dar una explicación plausible de algo tan indudable y tan escandaloso como es el conflicto que provocó y que desembocó en la cruz.

En este punto es necesario hacer una observación muy importante. Jesús se dirigió a Israel; su propósito era convocar a este pueblo en el momento de la intervención escatológica de Dios. Jesús no desarrolló una misión a los paganos. Pero el Reino de Dios no se identifica con la liberación de Israel del yugo pagano-romano. Lo que se opone al Reino de Dios es más profundo y pasa también por el interior de Israel. Las autoridades sacerdotales captaron muy bien que la actitud de Jesús, a la larga, ponía en grave peligro la identidad étnica del pueblo. Y es que el Reino de Dios, tal como Jesús lo entiende, no legitima el orgullo religioso de ningún pueblo elegido, sino, al contrario, acaba con él.

– Los discípulos quieren evitar que los niños molesten a Jesús (Mc 10,13-16; Mt 19,13-15; Lc 18,15-17). La consideración de los niños en aquella época y en la nuestra es muy diferente. No existía ninguna idealización moral de los niños, como expresión de inocencia y sencillez. No eran aún capaces de cumplir la ley y, por tanto, no eran valorados positivamente desde el punto de vista religioso. Jesús acepta su compañía, los bendice y, cuando anima a "hacerse como un niño" (Mc 10,14), a lo que está animando es a la solidaridad con lo que no cuenta, con lo marginado, con lo no honorable (el niño, mientras es niño, es como un esclavo: *cf.* Gal 4,1-3).

– De la actitud de Jesús con las mujeres se podrían decir muchas cosas, porque se trata de un asunto muy estudiado en nuestros días y que suscita gran interés también en quienes se preocupan por el sentido actual del mensaje del Evangelio o, simplemente, por la relevancia cultural del cristianismo. Del grupo itinerante de Jesús formaban parte unas cuantas mujeres, que son, además, las únicas que permanecen con él en los tres momentos claves de su vida, que serán posteriormente mencionados en el credo más primitivo (*cf.* 1 Cor 15,3-5): en la crucifixión (Mc 10,40-41; Mt 27,55-56; Lc 23,49), la sepultura (Mc 15,47; Mt 27,61; Lc 23,555-56), los acontecimientos pascuales (Mc 16,1-8; Mt 28,1-10; Lc 24,1-8). Se nos dan los nombres de estas mujeres, existiendo pequeñas fluctuaciones entre los diversos textos y destacando en todos los casos María Magdalena, la importancia de cuyo papel en vida de Jesús y en los acontecimientos pascuales parece fuera de toda duda.

El papel de las mujeres en el movimiento de Jesús es notable, como también lo va a ser en el primer movimiento cristiano[18]. Sin entrar ahora en más detalle, tiene una explicación: el Reino de Dios, como he reiterado, implica una visión de la realidad alternativa a la socialmente vigente, dentro de la cual se encuentra la superación de las estructuras patriarcales. Quienes por seguir a Jesús abandonan *"casa, hermanos, hermanas, madre, padre, hijos o hacienda"*, además de la vida eter-

---

[18] Puede verse el capítulo 7 de mi libro *Del movimiento de Jesús a la Iglesia cristiana. Ensayo de exégesis sociológica del cristianismo primitivo*, Estella 2001 (3ª edición), con bibliografía.

na en el mundo futuro, recuperan ya ahora todo en la nueva comunidad en la que ingresan, pero, sin embargo, destaca la ausencia de la figura paterna (Mc 10,28-30). Y es que, en la comunidad de los discípulos de Jesús, *"no se debe llamar a nadie padre, porque uno solo es vuestro Padre, el del cielo, y todos vosotros sois hermanos"* (Mt 23,8-9). De la peculiar experiencia de Dios que mueve a Jesús, y que él comunica, nace esa poderosa conciencia de la hermandad y de la superación de las barreras, también de las sexuales, que crean diferencias discriminantes.

Los frutos del Reino de Dios

Se producen actualmente avalanchas de estudios de tipo histórico sobre Jesús, que con frecuencia llegan a resultados diferentes, cuando no contradictorios. Pero hay un dato que se va reconociendo e imponiendo unánimemente: el carácter hasta cierto punto itinerante y ciertamente desinstalado y un tanto marginal de la vida de Jesús[19]. Es una característica íntimamente unida a la naturaleza del Reino de Dios que anuncia. El Reino de Dios descubre posibilidades inéditas en la realidad, hace ser críticos con lo establecido, nos enseña a ver las cosas de otra manera, remite a un futuro alternativo que no es el simple desarrollo del *statu quo* vigente. En el Reino de Dios se unen inextricablemente la experiencia de Dios y una nueva experiencia de la realidad histórica. El Reino de Dios hace a Jesús —y debe hacer a sus discípulos— crítico sin agresividad, radical sin rigorismos, urgido sin crispación, absolutamente entregado pero sin ningún fanatismo. La actitud de Jesús resulta enormemente crítica con valores centrales de su cultura. Señalo brevemente algunos aspectos.

— Los antropólogos señalan que el valor central de la cultura mediterránea era, y en buena medida sigue siendo, el

---

[19] Este consenso ha sido recogido en el título de la obra, profunda y equilibrada, de J. P. Meier *Un judío marginal. Nueva visión del Jesús histórico, tomo I: Las raíces del problema y de la persona*, Estella 1997; *tomo II/I: Juan y Jesús. El Reino de Dios*, Estella 1999.

honor. Por honor se entiende la estima en que una persona es tenida a los ojos de los demás y que, normalmente, ella interioriza, y que depende, ante todo, del origen familiar y del lugar social que se ocupa. El honor se manifiesta en títulos, precedencias y signos de reconocimiento. La persona "honorable", a su vez, cultivaba ese su honor con gestos públicos de beneficencia y supuesta ejemplaridad.

La actitud y la persona de Jesús resultaban muy poco honorables según el baremo de aquella sociedad. Le echan en cara su procedencia de un lugar innoble (Jn 1,46; 7,41-42.52) y, quizá, también su origen ilegítimo (Jn 8,41). Él, a su vez, es muy crítico con la búsqueda del honor.

> *"Guardaos de los escribas, que gustan pasear con amplio ropaje, ser saludados en las plazas, ocupar los primeros asientos en las sinagogas y los primeros puestos en los banquetes..." (Mc 12,38-39; Lc 18,9-14).*

Exhorta a buscar los últimos lugares, los menos honorables, y a hacerse no como los señores, sino como los esclavos, los sin honor por antonomasia. En estas palabras hay una profundísima crítica cultural, que nace precisamente de ver la realidad y la vida en la perspectiva del Reino de Dios.

– El Reino de Dios nos habla de un mundo donde el poder, ejercido como dominio y opresión, sea sustituido por el servicio.

> *"Los que son tenidos como jefes de las naciones las gobiernan como señores absolutos y los grandes las oprimen con su poder. Pero no ha de ser así entre vosotros, sino el que quiera llegar a ser grande entre vosotros será vuestro servidor, y el que quiera ser el primero entre vosotros será esclavo de todos, que tampoco el Hijo del Hombre ha venido a ser servido, sino a servir..." (Mc 10,42-45).*

El poder es una aspiración de la naturaleza humana y no es malo en sí mismo, aunque sí es expresión eximia de la limitación e imperfección de las relaciones sociales en la historia, que no pueden pasarse de alguna forma de su ejercicio. Con mucha frecuencia, el poder se convierte en instrumento de dominación y de opresión. Con su típico lenguaje provocativo y profético, Jesús nos enseña a imaginar un mundo diferente. Esto no implica la deslegitimación de todas las formas históricas de poder, pero sí nos hace conscientes de que hasta en el mejor de los casos es relativo y provisional, y está siempre necesitado de cautelas y correcciones.

– En otras culturas, la posesión de bienes materiales no tenía la centralidad que ha adquirido en la cultura occidental de nuestros días. Pero sí es cierto que también el *poseer* responde a algo muy profundo en la naturaleza humana. De hecho, en la Galilea del tiempo de Jesús la acumulación de tierras y dinero era un problema candente y una fuente de tensiones y sufrimientos.

Cuando el Reino de Dios aparece en la conciencia humana, el poseer es sustituido por el don, y lo que importa ya no son los tesoros en la tierra, sino el tesoro en el cielo, el que se forma cuando *"se venden los bienes y se da limosna"* (Lc 12,33-34).

En general, el Reino de Dios, como irrupción del amor gratuito y desbordante de Dios, sustituye la lógica de la fuerza y del propio interés por la lógica del don y del amor desinteresado. Jesús es un extravagante en el sentido etimológico de la palabra: anda por afuera del sistema ideológico hegemónico, se siente libre ante él, ve las cosas de otra forma porque a partir de su peculiar experiencia de Dios sitúa todo en otro horizonte, descubre nuevas posibilidades e introduce una lógica alternativa, la de la gratuidad y el desinterés propio.

Los sectores dominante proyectan etiquetas negativas –lo que en términos sociológicos se llaman *estigmas*– sobre los disidentes como procedimiento para desacreditarlos ideológicamente y bloquear su influencia social. Esto es lo que hacen continuamente con Jesús. Le llaman "seductor", "borracho y comilón", "amigo de pecadores y publicanos"; dicen que está endemoniado y que actúa por el poder de Beelzebul, que anda con malas mujeres, que su origen no parece nada limpio, que es un peligro para el el pueblo, que blasfema, que transgrede la ley...

Es muy sugerente interpretar a Jesús a la luz de lo que la sociología enseña sobre la desviación social y sobre los procesos de estigmatización[20]. El desviado social puede interiorizar

---

[20] W. Lipp, "Charisma-Social Deviation, Leadership and Cultural Change", *Annual Review of the Social Sciences of Religion* 1 (1977) 59-72; R. Del Olmo (ed.), *Estigmatización y conducta desviada*, Maracaibo, s.f.; E. Goffman, *Estigma: la identidad deteriorada*, Buenos Aires 1970; C. A. B. Warren, "Destigmatization of identity: from

estos estigmas y entrar en una dinámica de desintegración personal y social; con mucha frecuencia la marginación se convierte en lugar de resentimiento o de servilismo, en lugar de revancha o de destrucción imaginario de la sociedad y de las elites: expresión normalmente de la aspiración a unos valores que les son negados, pero que se tienen profundamente interiorizados. Pero el desviado puede asumir el estigma de una forma creadora y la marginación puede convertirse en lugar donde se incube una verdadera alternativa cultural, donde se perciba la realidad críticamente, de otra manera, y se proyecten futuros nuevos y más humanizadores. Podríamos poner muchos ejemplos. Esto es lo que encontramos en Jesús. No se puede entender la alternativa social y cultural que Jesús propone cuando proclama el Reino de Dios al margen de la desviación social en que Jesús como su mensajero incurre.

Así se puede situar lo más específico del mensaje moral de Jesús, del dejar fructificar en nosotros el Reino de Dios. No es ahora el momento de entrar en detalles particulares, pero voy a añadir alguna consideración general. Jesús es un judío fiel y no va contra la ley, pero tampoco se preocupa ni por la casuística legal ni por la exégesis de los viejos textos. Jesús es un hombre del Espíritu que parte de una honda experiencia de Dios y habla en virtud de su propia autoridad. Esto hay que entenderlo bien. Porque Jesús tampoco es un apocalíptico, como los que había en su tiempo, que se caracterizaban por reivindicar revelaciones celestes y esotéricas como la base de la autoridad de su enseñanza. Lo característico de Jesús es enseñar a abrir los ojos del corazón para ver lo cotidiano –sobre todo la dignidad del ser humano y sus necesidades– con una profundidad nueva a partir de su experiencia de Dios. Jesús no sólo empalma con la tradición profética de Israel, sino también con la sapiencial: Jesús es un sabio que ve

---

deviant to charismatic", *Qualitative Sociology* 3/1 (1980). Para una primera iniciación a estos conceptos, puede verse S. Giner - E. Lamo de Espinosa - C. Torres (eds.), *Diccionario de sociología*, Madrid 1998. Dos obras que aplican de forma muy sugerente estas categorías sociológicas al estudio del Nuevo Testamento: M. Ebertz, *Das Charisma des Gekreuzigten. Zor Soziologie der Jesusbewegung*, Marburgo 1993; H. Mödritzer, *Stigma und Charisma im Neuen Testament und seiner Umwelt. Zur Soziologie des Urchristentums*, Friburgo 1994.

la emergencia de la presencia y del amor de Dios en toda realidad, que evoca su experiencia con inmediatez y cercanía y que comunica una enorme libertad personal.

Jesús es un judío fiel que, por una parte, afirma que "no he venido a destruir la ley y los profetas", lo que con palabras nuestras equivale a decir que hay que respetar las convenciones universalizables racionalmente que hacen posible la convivencia. Pero, por otra parte, Jesús añade a sus discípulos que "su justicia debe superar a la de los escribas y fariseos". El Reino de Dios, como irrupción de un amor gratuito, introduce una dinámica de gratuidad que se traduce en solidaridad con los marginados, no violencia, perdón a los enemigos, pureza radical de corazón..., lo más específico de la moral de Jesús tal como aparece, sobre todo, en el sermón del monte.

Estos valores son exigencias para quienes acepten el Reino de Dios, pero Jesús considera que son propuestas para todo el pueblo. Lo voy a decir con palabras nuestras: hay valores específicos del Reino –los que desarrollan la lógica del don y de la gratuidad– que quizá no son exigencias estrictas de justicia, pero sí se deben proponer como valores humanizadores y universalizables. Sigo hablando con palabras nuestras: la justicia es una exigencia racional, universalizable, irrenunciable y base de la convivencia humana. Pero sería terrible un mundo construido sólo a base de justicia a palo seco. Un mundo a la medida de los seres humanos reales necesita también, inexorablemente, misericordia, perdón, amor gratuito... El Reino de Dios se propone como la auténtica vocación del mundo y de la historia.

Habría que explicar por lo menudo todo el sermón del monte, lo que no es posible ahora. Baste decir que lo que nos encontramos en él no son preceptos jurídicos, sino formulaciones provocativas y utópicas que pretenden señalar un horizonte y estimular la creatividad moral, pero que tienen que ser desarrolladas y concretadas.

Jesús empalma con una importante tradición judía que considera que la tarea del ser humano es una constante imitación de Dios. En el judaísmo tiene un fundamento bíblico doble: el hombre ha sido creado a imagen de Dios (Gen 1,27) y Moisés ha transmitido el mandato de "sed santos, porque yo, el Señor vuestro Dios, soy santo" (Lev 19,2). Para Jesús, el ser humano tiene que imitar al Dios que se manifiesta en la oferta y venida de su Reino como misericordia y amor: "Sed misericordiosos como vuestro Padre es misericordioso" (Lc 6,36). La carta a los Efesios desarrolla esta enseñanza bellísimamente: "Sed imitadores de Dios, como hijos amados, y caminad en el amor como Cristo nos amó y se entregó por nosotros" (Ef 5,1-2). De lo que se trata es de no poner obstáculos y de ser canales abiertos y transparentes para que corra y se manifieste el Reino del Padre, el Reino del amor gratuito en el mundo.

Un autor judío, de justo renombre internacional y que ha estudiado a fondo la persona de Jesús, dice lo siguiente:

> "*Parece incluso que Jesús no busca a Dios por Dios mismo, sino por medio de la devoción a sus hermanos siguiendo el modelo de un Padre celestial misericordioso. Hasta el punto de que llega a decir que, en el Juicio Final, el único criterio del Rey divino será si un individuo le imitó o no en sus actos de amor. En la parábola del juicio, se otorga el premio de la salvación a los que han actuado con generosidad hacia Dios ocultamente*"[21].

¿Futuro histórico o catástrofe cósmica?

El aspecto futurista de la predicación de Jesús ha dado lugar a muchas discusiones, pero con frecuencia sumamente imprecisas. En la recta final de este capítulo voy a hacer una serie de afirmaciones sobre este complicado tema, de forma breve y apodíctica, que espero que sirvan, al menos, para presentar con claridad los términos del problema, además, naturalmente, de mostrar mi opinión al respecto.

---

[21] G. Vermes, *La religión de Jesús el judío*, Barcelona 1993, 242. En este libro hay un buen estudio del tema de la imitación de Dios en el judaísmo con referencias a textos y autores; *cf.* págs. 236-244. En un texto judío de en torno al año 150 de nuestra era se lee: "*Debemos imitar a Dios; de la misma forma que Él es misericordioso y generoso, debes tu también ser generoso y misericordioso*" (*Mekhilta* a Ex 15,2). Cita más textos K. Hruby, "L´amour du prochain dans la pensée juive" *NRT* 91(1969) 493-516. El tema de la imitación tiene paralelos en la literatura greco-romana: Platón, *Leg.* 4, 713 e; *Fedro* 253 a-b; Epicteto, *Dial.* 2, 14, 12-13; Séneca, *De Beneficiis*, 4, 26; Marco Aurelio, *Pens.* 9, 11. Según M. Dumais, *Le Sermon sur la Montagne. État de la recherche. Interpretation. Bibliographie*, Sainte-Foy 1995, "la ética del sermón del monte es, por esencia, una ética de la imitación" (pág. 225).

– Jesús esperaba en un futuro próximo la manifestación plena del Reino de Dios. Pero no precisa el cuándo, ni entra en cálculos ni en especulaciones. Los dichos que sitúan ese futuro en su propia generación probablemente no se remontan a Jesús[22]. Normalmente, Jesús habla del futuro en función del presente, y lo que pretende es consolar, fortalecer y responsabilizar.

– El mensaje de Jesús es escatológico, pero no apocalíptico. Es escatológico porque anuncia la intervención decisiva y definitiva de Dios en la historia. Pero el uso que hizo de imágenes apocalípticas, si es que hizo alguno, fue muy escaso y con un sentido muy distinto. En general, el lenguaje de Jesús está muy lejos de las visiones, sueños y cálculos típicos de la apocalíptica.

– Muy pronto hubo un proceso de apocaliptización en el cristianismo primitivo. En torno al año 70, la tradición apocalíptica creció mucho en el pueblo judío a medida que los sufrimientos y dificultades también aumentaban e iban a desembocar en la guerra del año mencionado. Se explica que textos apocalípticos entrasen en la tradición evangélica (por ejemplo, buena parte del capítulo 13 del evangelio de Marcos) y en la literatura cristiana.

En la comunidad primitiva las tradiciones apocalípticas resultan muy útiles, a veces, para expresar la experiencia pascual. La fe cristiana se tiñó de apocalipticismo: pensemos en las descripciones de la parusía del Señor en la primera Carta de Pablo a los Tesalonicenses, que se espera como algo inminente.

– Jesús está en la línea de la escatología profética y, por tanto, espera la manifestación de Dios en la historia, que la transformará profundamente, pero que no supondrá la destrucción del mundo. Probablemente, Jesús usó imágenes de catástrofes cósmicas, pero que deben ser interpretadas, igual que en los profetas, como un género literario que sirve para expresar la gravedad de los acontecimientos históricos que se avecinan.

---

[22] J. P. Meier, *o. c., II/I*, 409-423.

De la ciudad a la casa: del movimiento de Jesús al movimiento cristiano

En este apartado voy a hacer unas meras sugerencias que, por sí mismas, podrían dar pie a explicaciones y reflexiones de mucha hondura.

El Reino de Dios que Jesús proclamaba implicaba un proyecto de renovación, ante todo, del pueblo de Israel. Jesús no pretendió crear un grupo ni, menos aún, una institución desgajada y diferente de Israel. Sociológicamente, Jesús como figura carismática promovió un movimiento profético –el movimiento de Jesús–, al que quizá podamos llamar milenarista, en el sentido de que era entusiasta, volcado hacia el futuro, que ansiaba y esperaba una renovación radical, que, de alguna manera, era vista como la recuperación de unos orígenes idealizados y que defendía unos valores alternativos.

Hemos visto que en aquella sociedad los dos ámbitos de la actividad eran el doméstico (el de la casa/*oikos*) y el político (el de la ciudad/*polis*) y que la religión era una actividad subsumida en estos dos ámbitos. Había, por tanto, una religión política y una religión doméstica. Pues bien, es claro que el proyecto de Jesús era de carácter político, en el sentido aristotélico del término: quería renovar la convivencia humana. El término "Reino de Dios" procede evidentemente de la esfera pública o política. Ahora bien, con la modernidad las diversas esferas de la actividad humana tienden a separarse y la política se ha convertido en algo relativamente autónomo, que se entiende como la configuración del poder del Estado. Jesús rechazó tajantemente la utilización del poder para realizar su proyecto, aunque fue insistentemente solicitado para que lo hiciera, incluso por sus mismos seguidores.

En la medida en que el movimiento de Jesús se fue institucionalizando fue también desapareciendo la proclamación del Reino de Dios, que apenas se encuentra fuera de los evangelios sinópticos[23]. Lo que sucede es que el cristianismo va pasando del ámbito político al doméstico; de ser una religión

---

[23] Sólo aparece dos veces en el evangelio de Juan y seis en Pablo.

política a ser una religión doméstica. A medida que se va extendiendo por el Imperio y se va abriendo a los paganos, el cristianismo –el movimiento cristiano– va renunciando a su pretensión inmediata pública y política y se va encarnando en las casas, que eran la estructura base de aquella sociedad y se convierten también en la estructura base de la Iglesia[24]. La Iglesia en el Nuevo Testamento es "la casa de Dios" (1 Tm 3,15; Ef 2,19-22), pero no propiamente "la ciudad de Dios". La eclesiología se formula preferentemente con la terminología doméstica (hermanos y hermanas, familia, casa...) porque la Iglesia cristiana se ha plasmado como realidad social en el ámbito doméstico. El cristianismo no se institucionaliza con la pretensión inmediata de ser la religión del Imperio o de identificarse con Israel. Al contrario, la Iglesia cristiana, en la medida en que se fue institucionalizando, renunció a ganarse a la sinagoga, como también renunció a enfrentarse abiertamente con la teología imperial y aspira a conseguir un régimen de tolerancia. El cristianismo primitivo penetra en las casas, teje una red de iglesias domésticas y así va avanzando por la cuenca del Mediterráneo y consolidándose socialmente[25].

Los primeros pasos del proceso de institucionalización que encontramos en el Nuevo Testamento supusieron ya una cierta moderación y sofocamiento de lo que de pretensión pública y crítica tenía la proclamación del Reino de Dios. De hecho, como hemos visto, la misma expresión fue usándose cada vez menos. El cristianismo reaparece como religión política más tarde. Cuando en Occidente haya triunfado en su estrategia de penetración social y la ideología imperial entre en una crisis insuperable, san Agustín hablará de *la ciudad de Dios*, no de la familia de Dios, es decir, regresa al ámbito político desde el doméstico[26].

---

[24] Sobre este punto, puede verse mi obra, anteriormente citada, *Del movimiento de Jesús a la Iglesia cristiana*.

[25] Pero esto de ninguna manera supone un proceso de privatización en el sentido moderno de la palabra. Entender las cosas así sería un gran anacronismo. La casa/familia era la estructura base de toda la sociedad. Como dice P. A. Fernández Vega, *o. c.*, 408, "el hogar no era un refugio para aislarse y vivir la intimidad, sino un marco desde el que se vertebra la integración en el tejido social".

[26] Es muy interesante constatar que, cuando Teodosio opte por el cristianismo

Termino con una doble sugerencia. Nuestra situación, al menos en Europa, tiene indudables similitudes con la que tuvieron que afrontar Pablo y el primer movimiento cristiano: unas minorías de creyentes en diáspora, en medio de una civilización ajena a la fe cristiana, que adora a otros dioses y sigue otros valores. La estrategia del primer movimiento cristiano nos puede resultar especialmente instructiva. Pero, por otra parte, nos encontramos también con una Iglesia institucionalmente poderosa, con un indudable protagonismo social, que puede tener el peligro de hacer del Reino de Dios no el don dinámico que hace vivir y pone permanentemente en movimiento, sino la ideología que la legitima y con la que pretende avalar su poder y sus intervenciones sociales. Volver a Jesús, el gran principio de renovación eclesial, es necesariamente recuperar el Reino de Dios tal como él lo anunció, abrirnos a su misma experiencia de Dios: el amor misterioso de Dios que está penetrando en la historia, que nos remite al futuro, que nos desborda y pone en movimiento, que nos vuelca en el servicio al hermano, sobre todo a los más necesitados, con la lógica nueva del don y del amor gratuito.

Los dos capítulos siguientes volverán sobre estos dos problemas que acabo de apuntar.

---

como religión oficial única y excluyente, juzgará necesaria la prohibición expresa y precisa de los cultos domésticos: *cf.* Co. Theod. 16, 10, 12.

2

La tensa relación entre Iglesia y Reino de Dios

De una forma breve y hasta esquemática, voy a responder a una de las cuestiones que quedaban abiertas al final del capítulo anterior: ¿qué relación existe entre el Reino de Dios y la Iglesia cristiana?

1. Hay en la mentalidad bíblica una relación íntima y esencial entre el Reino de Dios y el Pueblo de Dios. El Reino de Dios requiere un pueblo que lo acoja y lo visibilice. El Reino de Dios no es un ideal abstracto o que se proponga de forma inmediata como universal para toda la humanidad. Jesús históricamente limitó su ministerio a Israel, y su pretensión era que este pueblo aceptase el Reino de Dios, movilizase todas sus energías en vistas de esta oferta decisiva y ya presente, y mostrase con su vida el valor humanizante que tiene la aceptación de Dios tanto personal como socialmente. De esta forma, Israel se convertiría en una "luz para todas las gentes" que peregrinarían a Sión, es decir, se sentirían atraídas por la manifestación de Dios en Israel. Jesús está en la línea de la escatología profética, y su mensaje, dirigido inmediatamente a Israel, tiene mediatamente una dimensión universal.

Pero el proyecto de Jesús no se cumplió de forma lineal. Tras una azarosa vida pública y un desenlace conflictivo y escandaloso, que desembocó en la cruz, tuvo lugar una experiencia nueva, la Pascua, que significaba la reivindicación de un estilo de vida, el de Jesús, que rompía abiertamente con las comprensiones judías y griegas de mesías y de salvador, a la vez que abría un horizonte nuevo e insospechado sobre el significado de la fe y de la esperanza en Dios. No es posible explicar con detalle las implicaciones teológicas y las consecuencias históricas de esta experiencia pascual, que es inseparable de la cruz histórica de Jesús. Pero pronto se planteó un problema que se vivió con dramatismo y resultó históricamente muy complejo: la separación/ruptura de los discípulos de Jesús con la sinagoga y el surgimiento de la Iglesia cristiana como una realidad sociológica y teológicamente diferenciada, distinta de Israel. El evangelio de Mateo, el documento del Nuevo Testamento que mejor refleja el momento mismo en que se está produciendo esta traumática separación, dice que la Iglesia es "el pueblo al que se le entrega el Reino para que dé sus frutos" (Mt 21,43).

La Iglesia surge en un proceso[27], desde el punto de vista histórico, perfectamente explicable, y desde el punto de vista teológico legítimo, aunque, evidentemente, esta afirmación sólo tiene sentido desde la fe, que no contradice lo que la historia descubre, pero que va más allá de todo lo comprobable históricamente.

Es decir, Jesús no pretendió fundar una institución diferente y aparte de Israel[28]. El Vaticano II se expresa muy cuidadosamente en este punto y evita decir, sin más, que Jesús fundó la Iglesia. Éstas son sus palabras: 'Nuestro Señor Jesús dio comienzo (*initium fecit*) a la Iglesia predicando la buena nueva, la llegada del Reino de Dios"[29].

Jesús no emitió unos decretos fundacionales sobre la Iglesia en los que se determinase su estructura y organización. Esto es históricamente insostenible, pero también es una forma

---

[27] Sobre esta cuestión puede verse mi libro *La mesa compartida. Estudios del NT desde las ciencias sociales*, Santander 1994, 203-220.

[28] Jesús no se dirigió de forma inmediata a los gentiles, pero su proyecto no era exclusivista, en el sentido de que no pretendía reunir a un grupo de fieles o de elegidos, sino que se dirigía a todo el pueblo de Israel, sin evitar a los religiosamente marginados o impuros. Y lo que busca es una renovación de la vida del pueblo como tal, porque el Reino de Dios es, ante todo, una llamada para que todo el pueblo sea fiel a la alianza y a la elección.

[29] *Lumen gentium* 5.

muy incorrecta de ver la relación entre Jesús y la Iglesia desde el punto de vista teológico. Teológicamente hay que situar la Iglesia como desarrollo del amor de Dios Padre, que tiene su manifestación culminante en Jesucristo. Ciertamente la Iglesia, como realidad histórica, es incomprensible sin Jesús, sin su ministerio y sin el movimiento que desencadenó en el judaísmo, sin la voluntad de seguir sus pasos por parte de sus discípulos tras su muerte y la experiencia pascual. Pero teológicamente la Iglesia no es comprensible ni justificable sin la obra del Espíritu Santo, que desarrolla la obra de Jesús más allá del horizonte histórico de éste.

La Iglesia hay que ponerla en relación con Jesucristo, pero evitando la reducción cristomonista, porque en última instancia nos remite al plan de Dios Padre, al Reino de Dios, que es inseparable de la acción del Espíritu. La forma de entender la relación de Jesús con la Iglesia es decisiva porque está en juego la comprensión de su historicidad.

Las formas organizativas de la Iglesia no pueden ir contra los valores del proyecto de Jesús, pero no se justifican simplemente por su vinculación histórica con él. Como tampoco Jesús agota la mediación de Dios en la historia[30]. La encarnación implica que, en Jesús, Dios asume la limitación de lo humano. La fe cristiana afirma en Jesús la entrega decisiva e irrevocable Dios a la humanidad, pero Jesús tampoco agota las posibilidades de la experiencia humana de Dios y, por eso, hay que estar abiertos a las huellas de Dios y a los caminos de su salvación en tantos avatares históricos ajenos a la Iglesia, lo que tiene singular actualidad para la valoración teológica de las religiones no cristianas,

2. La Iglesia hay que entenderla al servicio de la salvación de Dios en la historia; es el Pueblo de Dios que acoge el Reino

---

[30] Por eso no considero adecuada la expresión de Orígenes que se repite mucho: Jesús es *autobaleia*, Jesús es el Reino de Dios. Esta equiparación es un exceso, que se olvida de que la mediación de Dios en la historia continúa por su Espíritu. Es el cristomonismo de una teología poco neumatológica. Otra cosa es la necesaria relación que la obra del Espíritu tenga con Jesucristo, tema en el que no voy a entrar en este momento.

de Dios, lo agradece, lo celebra, lo vive, lo proclama, lo testimonia y lo extiende. La Iglesia puede considerarse "sacramento del Reino de Dios", porque es signo e instrumento de su presencia en la historia.

Hay que subrayar que la Iglesia tiene la misión de visibilizar los valores del Reino y, de esta forma, testimoniarlo; ser una porción de humanidad liberada que muestra el carácter humanizante de la aceptación de Dios en la vida personal y colectiva; el carácter humanizante de hacer de Dios, de su justicia y amor, el principio estructurante de la vida de la comunidad. Anunciar el Reino de Dios no es hacer publicidad ni *marketing*; es dar testimonio de sus valores, anunciar lo que se vive. La misión de la Iglesia es, en el fondo, testimoniar la comunión interna en que consiste su vida.

 — *El Reino de Dios es una plenitud futura, a la que sirve la Iglesia, que, sin embargo, no se identifica con ella.* La Iglesia, como realidad histórica, está marcada por la limitación y por el pecado.

 — *La Iglesia tampoco monopoliza la acción histórica del Reinado de Dios.* Es interesante que el Antiguo Testamento llame al rey pagano Ciro ungido de Dios, instrumento del plan de Dios (Is 45,1-6). Puede haber y hay signos del Reino de Dios, testimonios eximios de sus valores, al margen de la Iglesia, en otras tradiciones religiosas o en movimientos humanistas.

 — *No pocas veces la Iglesia obstaculiza el Reino de Dios.* No se trata sólo del pecado de sus miembros; se da también la cerrazón comunitaria e institucional a la voluntad de Dios y a las exigencias evangélicas.

 — *La Iglesia es imprescindible para el servicio histórico al Reino de Dios,* en la medida en que gracias a ella se mantiene viva la memoria de Jesús y de su predicación del Reino; es imprescindible para recordar y celebrar el horizonte decisivo del Reino ofrecido por Dios a través de la vida, muerte y resurrección de Jesucristo. Pese a todos los pesares, la Iglesia mantiene la memoria del pasado que nos abre una esperanza de futuro, que es mucho más de lo que podríamos calcular observando el presente.

3. El gran peligro de la Iglesia es absolutizar su papel mediador e identificar sus objetivos teológicos con sus intereses institucionales.

Toda institución tiene una inevitable y peligrosa proclividad a convertirse en fin en sí misma. La referencia teológica puede aquí funcionar de una doble manera. Puede utilizarse la autoridad divina para legitimar lo que es, en realidad, producto histórico o condicionamiento cultural; o para justificar simplemente los intereses de una burocracia anquilosada. Se podrían multiplicar los ejemplos históricos. En nombre de Dios se declararon guerras y cruzadas, se condenó a Galileo, se implantó la Inquisición y se obligó a una lectura literalista de la Biblia... Está bien que con el paso del tiempo se reconozcan los errores y se pida perdón, pero lo que en realidad haría falta es que estas cosas no se vuelvan a repetir, que la Iglesia aprendiese a no usar precipitada o irrespetuosamente la autoridad divina para defender causas que después se revelan como meramente humanas.

Pero la referencia teológica puede también funcionar de otra manera, y muy positiva. Los teólogos medievales decían: *"Deus semper maior"*. El Reino de Dios desborda siempre nuestros conceptos, nuestras instituciones y nuestro planes. El Reino de Dios es un principio de conversión institucional que pone en movimiento y relativiza a la Iglesia porque le recuerda constantemente que no es un fin en sí misma, sino que está al servicio de algo más amplio: le recuerda su provisionalidad.

La Iglesia tiene una preocupación legítima por su identidad, por no echar por la borda la tradición que ha recibido, por mantener la vinculación con sus orígenes. Pero la singular prolongación en el tiempo de la Iglesia y su enorme extensión en el espacio conllevan una pesada inercia histórica que muchas veces la lastran e impiden su significatividad en el presente. A la Iglesia le cuesta reconocer su historicidad y, no pocas veces, alegando amor a lo eterno lo que hace, en realidad, es defender formas de vida y de cultura pasadas, pero en las que ella estuvo cómoda. En la Iglesia hay anacronismos enormes y hasta ridículos, que con frecuencia contemplamos con comprensión y a los que, quizá, nos hemos acostumbrado, pero a los que no nos deberíamos resignar, porque está en juego la relevancia del Evangelio en una sociedad para la que hay cada vez más formas de vida eclesiástica extrañas e inaceptables. La falta de sentido histórico dificulta el testimonio significativo del Reino de Dios y su extensión universal; por ejemplo, su notable dificultad para encarnarse en culturas no occidentales.

El Reino de Dios no nos da seguridades intrahistóricas, sino que nos pone continuamente en movimiento; nos convierte en peregrinos permanentes; nos hace salir de nuestra tierra y de nuestra casa en busca de una patria mejor, a veces sin saber del todo bien a dónde vamos (Heb 11,8) porque, por definición, el futuro es más oscuro que el presente, sobre todo en la medida en que se niega a ser su simple prolongación. Pero lo que sí sabemos bien es *"de quien nos hemos fiado"*.

Poner la Iglesia en el horizonte del Reino de Dios es abrirla permanentemente a dos interpelaciones continuas, imprevisibles, movilizadoras e inseparables: al misterio de Dios y a su proyecto de amor, y a los seres humanos, sobre todo a los más pobres y necesitados.

4. La Iglesia es, ante todo, la comunidad de quienes escuchan la Palabra de Dios y la ponen en práctica (Lc 8,19-21). Se trata de aceptar y acoger la soberanía o reinado de Dios en nuestra vida personal y en la historia, de dejar que fructifiquen ahí los valores del Reino, es decir, de hacer la voluntad de Dios.

La experiencia de Dios más específicamente jesuánica no es la introspección ni la meditación trascendental ni la búsqueda de la paz interior, sino la apertura a las llamadas de Dios desde el hermano necesitado, desde los sufrientes. No es un Dios que desvalorice la realidad histórica y nos inmunice ante sus sobresaltos, sino que nos interpela a través de ella. Se trata de discernir con temor y temblor los signos históricos del Reino de Dios, los lugares y ocasiones en que podemos aceptar su plan de amor y cumplir su voluntad. El correlato de la fe cristiana, de la experiencia cristiana y de la misma oración cristiana no es Dios en sí mismo, sino el Reino de Dios, Dios en su proyecto de salvación para la humanidad.

A Dios no le poseemos nunca; nada agota su mediación en la historia. Nuestra apertura al misterio del Reino de Dios es siempre tanteante, relativa, y está amenazada por nuestros intereses y limitaciones. La vida cristiana no se deduce a partir de unos principios teóricos en un proceso lógico, sino que se discierne en la historia y, por eso, al cristianismo, según los Hechos de los Apóstoles, se le llamaba *"el camino"* (9,2; 24,14), algo que hay que ir descubriendo a medida que se va haciendo. Discernir los caminos de Dios en la historia exige sinceridad, apertura al Espíritu, lectura y contraste con las experiencias paradigmáticas que se encuentran en la Palabra de Dios, buscar consejo, escuchar otras experiencias, mediación comunitaria, diálogo y libertad. Y esto vale para cada uno, para cada comunidad y para la Iglesia en su conjunto.

La Iglesia debe tener claro que la acción del Espíritu de Dios en la historia le precede, que ella ni la controla ni la monopoliza, que su tarea es escucharlo, alentarlo y ser dócil. El Apocalipsis repite insistentemente: *"Oiga lo que el Espíritu dice a las Iglesias"* (2,7.11.17.29; 3,6.13.22). El pecado contra el Espíritu es el más peligroso según Jesús y consiste en cerrarnos a la acción de Dios, desoír al necesitado, no dejarnos sorprender por la novedad del Espíritu. San Pablo sabía muy bien lo que decía cuando instaba a los tesalonicenses *"a no extinguir el Espíritu"* (1 Tes 5,19). Y añadía: *"Probarlo todo y quedaros con lo bueno"*. En la carta a los Filipenses dice: *"Todo cuanto hay de verdadero, de noble, de justo, de puro, de amable, de honorable, todo cuanto sea virtud y digno de elogio, todo eso tenedlo en cuenta"* (4,8). San Pablo afirma que donde abundó el pecado sobreabundó la gracia (Rom 5,20). Se habla, con razón, de estructuras de pecado, pero también habría que hablar, con más razón todavía, de estructuras de gracia. El Reino de

Dios ya está operante en el mundo. Esto debe recordarlo una Iglesia que para subrayar su valor e importancia tiende, con frecuencia, a pintar muy negro lo que se escapa de su círculo de influencia; que, a veces, comete la tremenda equivocación de interpretar como ausencia de Dios lo que es pérdida de su poder e influencia institucional.

Los discípulos de Jesús piensan que no puede ser bueno lo que no procede de su círculo, y desean monopolizar la acción de Dios.

> *"Maestro, hemos visto a uno que expulsaba demonios en tu nombre; nosotros tratamos de impedírselo porque no viene con nosotros. Pero Jesús contestó: 'No se lo impidáis... Pues el que no está contra nosotros, está por nosotros'"* (Mc 9,38-40).

Los frutos y signos del Reino de Dios desbordan por todas partes las fronteras de los discípulos explícitos de Jesús. Los caminos del Reino de Dios desconciertan, con frecuencia, a los miembros de la Iglesia.

El servicio al Reino de Dios debe hacer a la Iglesia humilde y agradecida, atenta a sus signos, lúcida y crítica para discernirlos, abierta a lo imprevisible; debe ponerla en diálogo permanente con la sociedad para ofrecer el tesoro que custodia con celo y, a la vez, para escuchar y para aprender, porque *"el Espíritu de Dios se ha derramado sobre toda carne"* (Hch 2,17).

El Vaticano II dice que hay realidades históricas que *"permiten conocer más a fondo la naturaleza humana abren nuevos caminos para la verdad y aprovechan también a la Iglesia"*[31]. Qué duda cabe de que la evolución histórica y las diversas culturas pueden ayudar mucho a la Iglesia para comprender mejor la Biblia y el contenido mismo de la revelación. Una Iglesia que se comprende a la escucha de la Palabra y al servicio del Reino de Dios, que le desborda y precede, necesariamente se entiende, más que como madre y maestra de la humanidad, como su compañera y hermana.

La primera tarea de la Iglesia es proponer la salvación de Dios en Jesucristo como el gran anuncio para toda la huma-

---

[31] *Gaudium et spes* 44.

nidad. Pero la tarea evangelizadora no termina aquí. Lo decisivamente importante no es la aceptación teórica de la fe, sino la aceptación efectiva del Reinado de Dios en la vida personal y colectiva. Y el Reinado del Padre implica la fraternidad y la vida plena de todos sus hijos. Por eso la Iglesia no se puede inhibir ante los grandes problemas humanos. La cuestión es cómo hablar y actuar en ellos. Para "escuchar la Palabra" hay también que ser sensibles a la acción del Espíritu en la historia. La Iglesia no anuncia sólo lo que Dios hizo definitivamente en Jesucristo, sino que también cree en la acción real de Dios en nuestro mundo y se esfuerza por descubrirla y servirla.

Pero precisamente porque no monopoliza la acción de Dios en la historia, es más clara y firme la palabra creyente que anuncia la obra de Dios en Jesús que la que discierne la mediación actual del Espíritu en el mundo. El diálogo con el mundo (con la cultura, con los movimientos históricos, con las sensibilidades socio-culturales) es una tarea de discernimiento teológico para servir al Reinado de Dios entre los hombres.

La fe afirma el señorío de Cristo sobre todo lo creado, las exigencias de Dios sobre toda la realidad y la acción del Espíritu en toda la historia. Pero de esto no se sigue el dominio de la Iglesia sobre todo lo creado, ni su capacidad de dictar leyes a toda la realidad. Las afirmaciones cristológicas o teológicas no son transportables sin más a la eclesiología. No nos cansaremos de recordar que la Iglesia sirve a la presencia de Dios, no la monopoliza, y su gran pecado puede ser intentar suplantarla. Hay muchos ámbitos de la realidad que están sometidos a Dios, pero que tienen sus leyes propias, en las que la Iglesia no tiene ninguna competencia peculiar. Por eso es un serio problema cómo tiene que hablar y actuar la Iglesia en tantos problemas históricos muy complejos. Probablemente, cada vez más tendrá que elaborar su palabra sirviéndose de estudios y debates; tendrá que "despontificar" su lenguaje, aceptando con frecuencia decir una palabra seria y humanizadora, pero provisional y revisable. Pero la influencia real y la capacidad movilizadora con que la Iglesia cuenta y, sobre todo, la virtualidad de su tradición pueden hacer sumamente valiosa su contribución a la humanización de la historia. Deberá aparecer, insisto, como una Iglesia fraterna, compañera acogedora y crítica del caminar de la humanidad en una sociedad laica y plural.

3

La estrategia evangelizadora de Pablo: la religión doméstica

La reflexión teológica de Pablo está al servicio de su estrategia apostólica y se realiza en función de sus exigencias. La Reforma protestante se hizo reivindicando a Pablo, y a partir de entonces sobre los estudios paulinos se han proyectado las grandes polémicas teológicas sobre la gracia, el mérito y la ley. Durante mucho tiempo, estos estudios han estado demasiado condicionados por presupuestos teológicos y se han convertido, dentro del mundo bíblico, en un campo repetitivo y abstracto.

En la actualidad está habiendo una renovación importante en los estudios paulinos debido fundamentalmente a que se relaciona el pensamiento del apóstol con la situación de sus comunidades y se usan los recursos de la sociología y de la antropología cultural. En mi opinión, tiene poco sentido construir una teología paulina desgajada de las circunstancias históricas a las que responde y de las funciones sociales que ejerce. Bien entendido que en absoluto quiero decir que la teología se disuelva en esas circunstancias y funciones: no se puede eliminar la experiencia espiritual del apóstol. Pero como dice una autor moderno, "las afirmaciones de Pablo en torno a la ley (hay que verlas) no primariamente a nivel teórico, sino al nivel de una estrategia práctica... En otras palabras, al estudiar los textos paulinos se debe preguntar no simplemente que *dice* Pablo, sino que *está haciendo*"[32].

---

[32] F. Watson, *Paul, Judaism and the Gentiles. A Sociological Approach*, Cambridge 1986, 22.

En este capítulo intento mostrar las líneas fundamentales de la estrategia evangelizadora de Pablo haciendo ver, en primer lugar, cómo condiciona toda su vida —incluida, por supuesto, su misma reflexión teológica— y, en segundo lugar, de qué forma desarrolla y transforma el movimiento de Jesús.

El universalismo paulino[33]

La gran aportación de Pablo fue el desarrollo coherente y peculiar de la fe cristiana como un proyecto universalista. Ésta es la columna vertebral de su estrategia y lo que explica sus enfrentamientos y enseñanzas, sus elaboraciones teóricas y sus medidas prácticas. El universalismo supone desvincularse de toda identidad étnica: para hacerse cristianos no hay que hacerse previamente judío. No se trata simplemente de aceptar a los gentiles que se acercan a la comunidad. Este importantísimo paso ya había sido dado en Antioquía por los helenistas huidos de Jerusalén (Hch 11,20-21). Ahora se pone en pie una estrategia nueva: ir positivamente a los paganos anunciando a Jesús como el Hijo de Dios e invitándoles a integrarse en la comunidad. Pablo predica un Evangelio de puertas abiertas. Probablemente fue idea suya el viaje misionero que emprendió con Bernabé y acompañados por Juan Marcos, como enviados de la Iglesia de Antioquía (Hch 13-14). Posteriormente, Pablo, distanciado de esta Iglesia y de estos compañeros, emprende, por su propia iniciativa y afrontando mil dificultades, lo que se considera la gran misión, que se encuentra reflejada en sus cartas.

La estrategia paulina acepta a los gentiles sin imponerles ni la circuncisión ni la ley judía. Probablemente esto era demasiado fuerte para Juan Marcos, al fin y al cabo un judío de Jerusalén, que pronto le abandonó (Hch 13,14). Ésta es la razón que mejor explica también el hecho de que Bernabé se separase de Pablo y prefiriese un estilo de misión menos radical (Hch 15,36-40; *cf.* Gal 2,11-14). Siguiendo su costumbre,

---

[33] Lo aquí expuesto sobre el universalismo de Pablo es complementado y desarrollado más abajo, en el apartado 2 del capítulo 5.

Lucas en Hechos suaviza la gravedad de las diferencias entre quienes fueron compañeros en el primer viaje.

Cuando Pablo afirma que "el hombre es justificado por la fe sin las obras de la ley" (Rom 3,28) está expresando una profunda experiencia religiosa: Dios nos comunica su amor gratuitamente en Jesús. Pero también era muy consciente de que la imposición de la ley veterotestamentaria suponía una traba enorme para su estrategia universalista. La libertad de la ley es el reverso de la estrategia universalista. Es muy significativo que entre los primeros convertidos solían estar los "temerosos de Dios", paganos que se habían acercado a la sinagoga y que apreciaban el monoteísmo y la moralidad judía. La predicación paulina ofrecía a esta gente una modalidad de judaísmo más accesible y adecuada, sin los inconvenientes de la circuncisión y de las leyes rituales, que dificultaban enormemente las relaciones sociales.

El Evangelio de puertas abiertas de Pablo da miedo a los acostumbrados a los viejos clichés religiosos y muy pronto ocasionó enfrentamientos durísimos con otros misioneros cristianos que exigían la práctica de la ley a los paganos convertidos (Gal 3,2-3). Pablo les trata sin miramiento alguno: son "malos operarios, falsos circuncisos" (Fil 3,2); "son falsos apóstoles, operarios engañosos que se disfrazan de apóstoles de Cristo" (2 Cor 11,13-15). En este punto Pablo no cede jamás, porque estaba en juego la viabilidad de su estrategia universalista.

Estos adversarios de Pablo tenían un gran arma: negarle el título de apóstol para quitarle toda autoridad ante las comunidades. Al fin y al cabo, todos sabían que Pablo no había convivido con Jesús y que no se encontraba en la misma situación que los apóstoles de Jerusalén. Incluso Lucas no parece insensible a este argumento, porque nunca le llama apóstol en los Hechos. Pero Pablo, que ciertamente no es de los que se amilanan en la polémica, reivindica con toda fuerza su calidad de apóstol ante las comunidades y ante sus detractores (1 Cor 1,1; Rom 1,1; 1 Cor 1,17) y sale al paso de la objeción que le ponen: "Apóstol no de parte de los hombres ni por mediación de hombre alguno, sino por Jesucristo y Dios Padre" (Gal 1,1). La revelación del Resucitado en el camino de Damasco tiene el mismo valor, a la hora de ser misionero, que el hecho de haber vivido con Jesús en Galilea.

Para defender su estrategia universalista, Pablo deja bien claro que él no es delegado de nadie y que no está supeditado a los líderes de Jerusalén, porque ha sido enviado directamente por el Señor (Gal 1,15-17), pero, a la vez, en medio de las tensiones y conflictos que provoca su audacia misionera, tiene una preocupación constante por no desvincularse de las otras iglesias y, especialmente, de la iglesia madre de Jerusalén. Así se explican su ida a la ciudad y su contacto con Pedro tres años después de su conversión, el viaje posterior para el llamado Concilio de Jerusalén y la gran importancia que siempre concedió a la colecta en favor de los hermanos de aquella iglesia.

Pablo no acepta los tabúes sectarios y etnicistas, pero considera esencial mantener los vínculos con los judeocristianos de Jerusalén. Las iglesias que funda son expresión de un movimiento universal y en expansión, pero que viene de lejos. Una doctrina sin raíces antiguas no hubiese tenido ningún futuro en la cultura mediterránea del siglo I. La novedad de su estrategia le sume a Pablo en numerosos conflictos y tensiones, que encara con energía y con extraordinaria vehemencia verbal, pero también con finura táctica y teológica.

El cristianismo urbano [34]

Pablo consiguió una admirable extensión de sus comunidades y contribuyó decisivamente a configurar el cristianismo posterior. La estrategia paulina tuvo éxito porque respondía a las necesidades sociales y se ajustó a las posibilidades históricas del tiempo.

El movimiento paulino reformuló y refuncionalizó radicalmente en un contexto social diferente el movimiento de Jesús. Pablo estaba bien equipado para ello: judío, pero helenista; hombre de la ciudad y no del campo; preparado inte-

---

[34] W. A. Meeks, *Los primeros cristianos urbanos. El mundo social del apóstol Pablo*, Salamanca 1988.

lectualmente; autosuficiente económicamente; ciudadano romano y de buena situación social; fariseo, lo que le predisponía para aceptar la fe en un resucitado.

En aquel tiempo se extendía la civilización urbana por la cuenca del Mediterráneo. Las ciudades como forma de organización de la convivencia suponían una auténtica revolución social y cultural. La estrategia de Pablo pasa por fundar comunidades en las grandes ciudades que son capital de provincia o nudos importantes de comunicación. El *movimiento urbano* de Pablo se introduce en la organización social emergente y modifica radicalmente lo que había comenzado entre los ambientes campesinos de Galilea, evitando expresamente las ciudades de Séforis y Tiberias.

Pablo impulsa un *cristianismo helenista porque* las ciudades eran el gran instrumento de difusión de la cultura helenística. Cuando en el Concilio de Jerusalén se delimitan los campos, queda claro que Pablo va a los gentiles, a los no judíos (Gal 2,9). En la práctica significaba ir a las gentes de lengua griega, que era el idioma franco de las ciudades. Aunque afirma que se debe tanto a "los griegos como a los bárbaros" (Rom 1,14), Pablo no penetra en las zonas rurales, donde hubiese tenido dificultades de comunicación, y considera, más bien, que las iglesias urbanas serán las que irradien en su círculo de influencia.

Mientras el movimiento de Jesús era fundamentalmente itinerante y desinstalado, la estrategia paulina promovía un *cristianismo sedentario*, basado en comunidades locales, que contaban con diversos ministerios, de modo que no dependían de profetas de paso. Pablo se debatía entre el cuidado de las comunidades recién fundadas y el proseguir la misión abriendo nuevos campos. Sus estancias no eran largas y, aunque mantiene siempre relaciones con sus iglesias, confía en su capacidad para subsistir y regular su vida libremente.

En el movimiento paulino encontramos un *cristianismo socialmente heterogéneo*[35]. Coexisten gentes de muy diversa

---

[35] He tratado este tema en mi libro *Del movimiento de Jesús a la Iglesia cristiana*, (3ª edición) Estella 2001, 145-186.

condición: junto a esclavos y pobres había personas con recursos e influencias. Es insostenible la imagen del cristianismo primitivo como un movimiento proletario[36]. Esto vale especialmente para las iglesias paulinas. En Corinto, por ejemplo, pertenecían a la comunidad Erasto, el tesorero de la ciudad (Rom 16,23); Crispo, que había sido jefe de la sinagoga (1 Cor 1,14; Hch 18,8), y Gayo, que poseía una casa muy grande en la que podía reunirse toda la Iglesia (1 Cor 1,14; Rom 16,23). Las comunidades paulinas presentan la diversificación social característica de sus ciudades, con la salvedad de que en ellas no encontramos aún miembros del *ordo* ecuestre o senatorial. El mestizaje cultural y la heterogeneidad social de las comunidades paulinas eran una verdadera innovación histórica y constituían un elemento esencial de la estrategia universalista del apóstol[37].

Las comunidades paulinas

Pablo es un carismático, pero también un organizador. Su movimiento es muy creativo y, por eso, contiene posibilidades que van a conocer desarrollos posteriores diferentes y hasta opuestos. Podría hablarse de la ambigüedad de la tradición paulina, consecuencia de su riqueza y flexibilidad.

Entre la identidad sectaria y la apertura misionera

Pablo cultiva con énfasis la identidad interna de sus comunidades, pero no quiere que sean sectas cerradas sobre sí mismas, sino estructuras con capacidad de adaptación y de acogida. Utiliza una terminología muy afectiva y emocional

---

[36] Ésta es una idea muy extendida popularmente. En el mundo exegético ejerció mucha influencia A. Deissmann, *Light vom Osten. Das Neue Testament und die neuentdeckten Texten der hellenistisch-römischen Welt*, Tubinga 1908. Los estudios marxistas defendieron mucho esta visión. *Cf.* Kautsky, *Orígenes y fundamentos del cristianismo*, Salamanca 1974.

[37] Los *Collegia* o asociaciones voluntarias y los grupos religiosos solían ser socialmente homogéneos; casi siempre agrupaban a gentes del mismo gremio o de un mismo origen (caso del judaísmo) o, al menos, de una equiparable situación social.

para las relaciones entre los miembros de sus iglesias; los cristianos deben tener sus propias instituciones para solucionar sus problemas y conflictos sin necesidad de recurrir a instancias paganas (1 Cor 6,1-6); parece que el grupo totaliza la vida de los fieles. Pero, al mismo tiempo, a las comunidades debe importarles mucho lo que perciban los de fuera (1 Tes 4,12; Col 4,15); la apertura llega hasta permitir la asistencia a las asambleas litúrgicas a no cristianos, a los que debe causarse buena impresión (1 Cor 14,23).

Para las comunidades joánicas, "el mundo" está totalmente corrompido y bajo el dominio del Maligno, y debe evitarse todo contacto con él; los cristianos se refugian en sus comunidades, en las que se cultiva el amor fraterno y el odio al mundo, y en las que no hay dinámica misionera hacia fuera. Las comunidades paulinas son muy diferentes. El mundo es también lugar del Espíritu y de la presencia de Dios: "Hay que examinarlo todo para quedarse con lo bueno" (1 Tes 5,21; *cf.* Fil 4,8). Para Pablo, es fundamental no romper los puentes con el entorno, y ello por dos razones: porque en caso contrario sería imposible la dinámica misionera de ir a la gente y, además, porque las comunidades no serían nada atractivas para personas que por su situación y cultura no estarían dispuestas a aislarse socialmente.

Mestizaje cultural y heterogeneidad social

Pablo hace la proclamación entusiasta: "Ya no hay judío ni griego, ni esclavo ni libre, ni varón y mujer, ya que todos vosotros sois uno en Cristo Jesús" (Gal 3,28), precisamente porque en sus comunidades hay judíos y griegos, esclavos y libres, y los varones y las mujeres tienen la misma consideración. El mestizaje cultural, la heterogeneidad social y el protagonismo de la mujer son auténticas innovaciones históricas de las comunidades paulinas. Pero es obvio que estas características podían convertirse en fuente de conflictos. Donde no hay vida no hay conflictos y donde hay avances hay resistencias.

Antes he aludido a los problemas que la convivencia de judíos y gentiles en pie de igualdad provocaba con otros misioneros cristianos. Ahora vamos a fijarnos en algunos problemas internos que creaba en la comunidad que mejor conocemos, la de Corinto[38]. La heterogeneidad social crea diferencias y marginaciones en la misma celebración de la Cena del Señor, pues mientras unos se permiten banquetear por todo lo alto, otros pasan hambre y quedan avergonzados. Pablo se indigna: "Eso ya no es la cena del Señor"; "Esas reuniones os hacen más mal que bien" (1 Cor 11,20.17); "Un solo cuerpo somos los que participamos de un mismo pan" (1 Cor 10,17). La misión es inseparable de la comunión. Evangelizar no es una operación de imagen; se proclama lo que se vive, y lo que tiene que proponerse es precisamente la posibilidad de una forma más abarcante de fraternidad.

El otro problema se plantea en torno a la licitud de comer la carne procedente de las sacrificios paganos, que se podía encontrar en las tiendas, en las casas donde se era invitado y en los banquetes públicos de los templos. Las opiniones de los "fuertes" y de los "débiles" de la comunidad cristiana están divididas al respecto. Pablo, que se cuenta entre los "fuertes", considera que "el ídolo no es nada" (1 Cor 8,4) y que se puede comer de todo sin problemas de conciencia (1 Cor 10,27). Los "débiles", por el contrario, piensan que aceptando estas carnes se incurre en idolatría. Con toda probabilidad, las diferencias entre los "fuertes" y los "débiles" están relacionadas con su diverso nivel cultural y social. Es claro que en el tema de las carnes lo que está en juego es la relación que se puede mantener con la sociedad pagana en general. Los "fuertes" consideran que hay una serie de ceremonias que no tienen ya más que una mera dimensión social y cuya participación no implica ninguna adhesión religiosa. Pablo mantiene respecto a las carnes sacrificadas —y respecto al Imperio en general— una actitud muy diferente a la del Apocalipsis, que es mucho más intransigente y beligerante (Ap 2,6.14-15.20).

---

[38] En este punto es clave la obra de G. Theissen, que con su recurso a la historia social y a la sociología ha ejercido una influencia enorme para la renovación de los estudios paulinos. Cf. *Estudios de sociología del cristianismo primitivo*, Salamanca 1985, 149-283.

Sin embargo, Pablo –a diferencia de su actitud en el tema de la ley y de la circuncisión– en el conflicto de la carne cede. Está dispuesto a renunciar a su libertad por el bien de los demás y para no escandalizar a los "débiles". Lo que quiere salvar Pablo por encima de todo es la unidad de sus comunidades heterogéneas (¡no cualquier tipo de unidad!). En el famoso conflicto de Antioquía se enfrenta a Pedro porque en ese momento ceder a las costumbres alimenticias de los judeocristianos implicaba romper la unidad de mesa con los paganocristianos, que eran los débiles en aquella situación (Gal 2,11-14). En Corinto, por el contrario, cede a las prevenciones alimenticias de los "débiles" para conservar la unidad de la comunidad cristiana. Lo que debe quedar bien claro es que, en nombre de Jesús, conviven en el seno de las comunidades paulinas gentes diversas y hasta enfrentadas en la sociedad. Ésta es la gran novedad histórica introducida en este momento por la fe cristiana. El proyecto universalista de Pablo está indisolublemente unido a la capacidad inclusiva de sus comunidades. En Cristo Jesús quedan abolidos los muros de separación, se hace la paz y surge una humanidad nueva (Ef 2). Este universalismo integrador e inclusivo, característico de la tradición paulina, es clave para entender la difusión de cristianismo.

La casa como base de la comunidad cristiana [39]

Abordamos otra de las grandes opciones estratégicas de la misión de Pablo. La *casa*, entendida como grupo humano, que es más amplio que la familia nuclear de nuestros días en Occidente, era la estructura base de aquella sociedad. La casa tenía su eje en el *paterfamilias*, a quien estaban sometidos la mujer, los hijos y los siervos; en la casa podían participar los clientes; la casa era inseparable de sus propiedades. La ciudad era una organización de casas y se entendía como su extensión. Los *paterfamilias* de las casas notables formaban la jerarquía colegiada de la ciudad.

---

[39] He tratado este tema con cierta extensión en la obra citada en la nota 34.

El movimiento de Jesús creaba problemas internos muy serios en las casas. El mismo Jesús tuvo conflictos con su familia (Mc 3,20-21) y anunció reiteradamente las graves dificultades que esperaban a sus discípulos con los miembros de sus casas. Sin embargo, la estrategia paulina consistió en hacer de la casa la estructura base de la comunidad cristiana. Es una opción muy coherente con el carácter urbano y sedentario de su movimiento. Obviamente, era ésta una decisión cargada de consecuencias sociológicas y teológicas.

Según los Hechos de los Apóstoles, cuando Pablo visitaba por primera vez una ciudad acostumbraba a empezar su predicación en la sinagoga judía y, sólo tras ser allí rechazado, se dirigía abiertamente a los paganos. Esta presentación responde, sin duda, a la teología lucana, pero puede no alejarse demasiado de la realidad histórica. Muy probablemente, Pablo encuentra sus primeros adeptos entre los paganos que se habían acercado a la sinagoga, que aceptaban la fe monoteísta en Yahvé y estimaban la alta moralidad judía, pero que no habían dado el paso de convertirse y, en el caso de los varones, de circuncidarse. Muy pronto, una de las primeras preocupaciones de Pablo en cualquier ciudad era encontrar una casa que se constituyese en núcleo y base de la comunidad cristiana. Conocemos varias iglesias domésticas a través de las cartas de Pablo (Rom 16,3-5; 1 Cor 16,19; Flm 1-2; Col 4,15; Rom 16,23).

Pero hay más. Pablo no quiere romper las casas. A los convertidos les pide permanecer en sus casas, aunque su cónyuge continúe siendo pagano (1 Cor 7,12-14). Quiere dejar bien claro que se puede ser cristiano en cualquier situación (1 Cor 7,20-24). El cristianismo de Pablo es posibilista[40] y con vocación popular y de extensión; no es ni una religión elitista, ni una pura secta, ni un grupo cerrado o monocolor.

Una última observación para concluir este punto: es obvio que la opción por respetar y asumir las casas en la organización de la Iglesia cristiana tiene grandes consecuencias políti-

---

[40] R. Penna, *Un cristianismo posible. Pablo de Tarso*, Madrid 1995.

cas que se irán explicitando más tarde. Suponía aceptar, en principio, el orden social vigente intentando introducir en él un espíritu nuevo. ¿Cómo puede expresarse el talante radical –y bastante afamiliar– de Jesús a través de unas estructuras patriarcales? La evolución posterior de la tradición paulina, sus conflictos y divergencias, van a depender, en muy buena medida, de esta cuestión[41].

Religión doméstica y actitud ante el Imperio

Es un tópico decir que Pablo convierte al predicador, Jesús, en centro del mensaje. En efecto, no anuncia el Reino de Dios, sino a Jesucristo Resucitado. Esto es muy cierto, pero hay que añadir que Pablo transforma la religión política de Jesús en una religión doméstica[42].

Si hubiese continuado con el Reino de Dios como centro del mensaje, los conflictos con el Imperio hubieran sido terribles e insoportables para aquel movimiento naciente y pequeño; hubiesen sido imposibles la misión y el proyecto universalista. Tengamos en cuenta la enorme dificultad que suponía presentarse hablando de uno que había sido crucificado por la autoridad romana. Sobre todo, a medida que se iban separando de la sinagoga y, por tanto, les faltaba el amparo legal del que gozaban las comunidades judías, los cristianos se encontraban en una situación sumamente difícil ante las autoridades romanas. Pablo mismo conoció dificultades, persecución y cárcel de parte de los romanos (2 Cor 11,23.26.32; 6,5;

---

[41] Es un tema apasionante y complicado en el que no puedo entrar ahora. En el Canon encontramos la tradición paulina que prevaleció, representada por las cartas de la cautividad y las pastorales. Pero existieron otros desarrollos de la tradición paulina muy diferentes y basadas también en posibilidades reales del pensamiento del apóstol. Parece que hubo grandes conflictos entre quienes reivindicaban la herencia de Pablo. En castellano se pueden encontrar algunas sugerencias sobre todo esto en M. Y. MacDonald, *Las comunidades paulinas*, Salamanca 1994.

[42] B. J. Malina, "Religion in the World of Paul: A Preliminary Sketch", *BTB* 16 (1986), 92-101; *íd.*, "Religion in the Imagined New Testament World: More Social Science Lenses", *Scriptura* 51 (1994), 1-26. Con otra metodología, pero con sugerencias muy interesantes, J. Becker, "Paul and His Churches", en J. Becker (ed.), *Christian Beginnings. Word and Community from Jesus to Post-Apostolic Times*, Westminster 1993, 132-210.

Flm 1,13.20). Nerón no hubiese podido usar a los cristianos como chivos expiatorios del incendio de Roma, que él mismo provocó el año 64, si no fuese porque eran vistos con sospecha o prevención por la opinión pública.

Todo esto debe tenerse en cuenta para entender que Pablo transformase la religión política de Jesús en una religión doméstica. Jesús buscaba abiertamente la conversión del pueblo de Israel en nombre del Reino de Dios. Pablo no pretende directamente cambiar las estructuras del Imperio romano. Era algo improponible para aquellas comunidades insignificantes, nacientes y rodeadas de desconfianza.

Pablo lo que hace es extender por diversas ciudades una red de comunidades domésticas en las que se compartía la fe, sus miembros se ayudaban entre sí, se acogía a los hermanos que estaban de paso y eran plataformas misioneras. El problema de Pablo no es cómo relacionar a la Iglesia como tal con la sociedad pagana ni, menos aún, con el Imperio, sino cómo ser cristiano en medio de esa sociedad pagana. Como hemos visto antes, sus comunidades no son sistemas cerrados, y Pablo no quiere que sus fieles salgan del mundo real en el que viven. Su deseo es promover un cristianismo posible y que se pueda extender. Por eso, insiste en que "permanezca cada cual tal como lo halló la llamada del Señor..." (1 Cor 7,20-24).

Pablo, que ha tenido personalmente serias dificultades con las autoridades romanas, sin embargo acepta el Imperio. El famoso texto de Rom 13 (*"Sométanse todos a las autoridades constituidas, pues no hay autoridad que no provenga de Dios, y las que existen por Dios han sido constituidas..."*) está en un contexto exhortativo, en el que Pablo pretende dejar claro a los cristianos de Roma, que no le conocían personalmente, que, pese a todos los problemas que había tenido, y que eran de público conocimiento, respeta en principio el orden romano.

Sin embargo, Pablo relativiza también al Imperio[43]. Tiene muy claro que su verdadera ciudadanía es la "del cielo, de don-

---

[43] R. A. Horsley (ed.), *Paul and Empire. Religion and Power in Roman Imperial Society,* Harrisburg 1997.

de esperamos como salvador al Señor Jesucristo" (Fil 3,20)[44]. Y el apóstol deja claro también que la divisa *"paz y seguridad"*, de la que se enorgullecía la *pax romana*, pertenece a la noche y palidecerá con la luz de la mañana ya muy cercana (1 Tes 5,1-3).

La religión doméstica paulina no aspira a transformar las estructuras del Estado romano, pero sí aspira a tener una verdadera influencia social. El cristianismo paulino respeta la casa, base de aquella sociedad, pero intenta imbuirla de un espíritu nuevo. Concretamente, aspira a que el orden patriarcal sea compensado por el amor y la benevolencia. De hecho, se puede considerar una verdadera novedad histórica el carácter mestizo, participativo, heterogéneo y fraterno de aquellas comunidades. Características a las que habría que añadir la atención tan especial por los miembros débiles y pobres y el protagonismo de las mujeres. Un ejemplo muy típico de la actitud de Pablo lo encontramos en la carta a Filemón. No propone la abolición de la esclavitud, lo que superaba probablemente su horizonte cultural, pero le pide a Filemón que trate a su esclavo Onésimo como a su propio hermano que es.

Podría decirse, usando una terminología de nuestro tiempo, que el cristianismo paulino se hace presente en lo social, no en lo político, si por tal se entiende la estructura de poder del Imperio. Pero la presencia en lo social es muy honda, porque se encarna en la estructura social más básica, penetra allí por el lugar tan importante que tenían los cultos domésticos, con frecuencia mucho más vivos que los oficiales y públicos, y porque convierte a estas casas en las estructuras básicas de su red de comunidades que se extiende y porque pretende imbuirlas de un espíritu nuevo.

De paso diré que la expansión del cristianismo, a partir de la segunda generación, no fue tanto cosa de enviados profesionales, liberados, que se dedicaban a esta tarea, cuanto de la

---

[44] Es interesante notar que es el único lugar de las cartas auténticas de Pablo donde se llama a Jesucristo "salvador", que era el epíteto que se atribuía al emperador. Pero, por otra parte, en este texto Pablo reivindica "la ciudadanía del cielo" en polémica con los judaizantes y su aferramiento a la identidad étnica.

capacidad de penetración, atracción y relación que iba generando esta red de comunidades tan novedosas[45].

Este tipo de cristianismo tuvo un éxito enorme y se extendió muchísimo y con rapidez; fue penetrando en todos los sectores sociales, hasta los más altos; fue prevaleciendo sobre la religión oficial y llegó un momento en el que la suplantó, es decir, el cristianismo se convirtió en la religión oficial del Imperio. Es cuando el cristianismo reaparece como religión política, o sea, con pretensiones de configurar el poder mismo del Estado, como he señalado en el primer capítulo. Pero también he dicho que lo que sucede es que este cristianismo político va a estar vinculado al poder y va a tener una función social muy diferente a la religión política de aquel crucificado que expresaba los anhelos y esperanzas de los pobres y marginados de Israel.

Me voy a permitir una reflexión sobre el presente. La fe cristiana hereda la voluntad de incidencia histórica del yahvismo bíblico originario y su orientación liberadora. Pero se expresa de forma muy diferente en Jesús y en la tradición paulina. Ante todo, porque se pasa de un mensaje dirigido a Israel a un mensaje universal. Sin entrar ahora en tan complejo problema, sí diré que Pablo desarrolla coherentemente el proyecto de Jesús, pero que es indudable que va más allá de la letra y del horizonte histórico de Jesús. El paso de una religión política a una religión doméstica implicaba que Pablo no entendía a la Iglesia como interlocutora del poder político, pero sí como lugar de experiencias sociales innovadoras, fraternizadoras, en cuyo seno se derribaban muros seculares, se abrían fronteras y los hermanos débiles y marginados obtenían un reconocimiento muy especial.

En el Nuevo Testamento aprendemos que la incidencia histórica de la fe cristiana tiene unos puntos de referencia per-

---

[45] R. Stark, *The Rise of Christianity. A Sociologist Reconsiders History,* Princenton 1996. L. E. Vaage, *Galilean Upstarts. Jesus First Folowers According to Q,* Valley Forge 1994, comentando Lc 10,3-6.9-11 dice, de una forma un poco provocativa, que hablar de envío en "misión" a cuenta de estos textos "refleja más la imaginación teológica colonialista moderna de los orígenes cristianos que la antigua realidad socio-histórica" (p. 18).

manentes: deberá ser siempre universalizadora, creadora de fraternidad, promotora del cambio social y estar al servicio de los más débiles. Pero la forma de plantear la incidencia histórica depende de muchos factores y puede variar enormemente. Pensemos en lo que cambió de Jesús a Pablo. Pues bien, me pregunto si no estaremos excesivamente preocupados en la Iglesia católica de nuestros días por la interlocución con el poder político y por la influencia directa en las estructuras del Estado. Y esto tanto entre sectores conservadores y oficiales –por ejemplo, los obispos– como progresistas –por ejemplo, la teología de la liberación, en su versión primera, al menos–. Creo que pesan sobre nosotros condicionamientos históricos, en este momento negativamente.

Es posible que, en el futuro, la incidencia histórica de la fe cristiana, al menos en la Europa secularizada, tenga que manifestarse no tanto en la preocupación por la capacidad de influir directamente en las relaciones de poder, sino en la de tejer redes sociales alternativas, donde las personas se ayuden, se reconozcan, se encuentren y se transformen. Hoy estamos asistiendo, sobre todo en América latina, a una fragmentación rápida del mundo cristiano, hasta hace muy poco monopolizado por unas pocas grandes iglesias, que se repartían las zonas de influencia. No se puede meter en el mismo saco a tantos grupos, denominaciones e iglesias muy diferentes, que están creciendo, algunas con gran pujanza. Me parece que en no pocos casos su gran capacidad de extensión y atracción se debe, contra lo que se dice con frecuencia, no a que son apocalípticas y espiritualistas, menos aún a las ayudas económicas que reciben de fuera, que las pueden recibir, como también las reciben –y muy generosamente– los católicos, sino a que su incidencia histórica se traduce en la creación de redes sociales de encuentro y reconocimiento, de participación y ayuda, que confieren identidad personal y grupal, que son instancias eficaces de transformación sobre todo personal. Hay un tipo de comunidades o iglesias cristianas en auge en lugares muy diversos que recuerdan mucho al cristianismo doméstico de Pablo.

Me atrevería a decir que la Iglesia católica necesita recuperar, teológica y pastoralmente, el componente paulino de la tradición neotestamentaria. Ha estado secularmente demasiado ausente, quizá porque la Reforma se hizo, en buena medida, enarbolando algunos de los grandes textos del apóstol. La renovación litúrgica posterior al Vaticano II ha aumentado mucho el caudal de lecturas bíblicas, pero las epístolas paulinas ocupan un lugar desairado, que no encaja entre el Evangelio y una primera lectura que lo prepara, de modo que no pocas veces se suprimen, otras veces se convierten en un trámite y casi siempre están totalmente ausentes de la predicación.

Tensión y complementariedad entre lo local y lo universal

La Iglesia, tal como la va organizando y formulando Pablo, articula una triple dimensión, que expresa su capacidad de adaptación y de respuesta a profundas necesidades humanas y sociales.

En primer lugar, hay *iglesias domésticas*, que son grupos reducidos que permiten intensas relaciones interpersonales; cada miembro es acogido y siente el calor humano; todos tienen rostro y un nombre para los demás; son capaces de conferir identidad, incluso psicológica, en un momento de honda crisis cultural.

Las diversas iglesias domésticas de una ciudad forman parte de una más amplia *iglesia local*. La iglesia paulina se encarna en la estructura básica de la sociedad (la casa) y en la forma emergente de convivencia (la ciudad). Pablo menciona en 41 ocasiones a la iglesia local, y con frecuencia la determina teológicamente y, por ejemplo, habla de "Iglesia de Dios que está en Corinto" (1 Cor 1,2; 2 Cor 1,1).

Estas iglesias locales se saben pertenecientes a un movimiento más amplio y de extensión universal. Están en comunión espiritual y efectiva con otras iglesias. A Pablo le preocupa no quedar descolgado, y cultiva no sólo las relaciones entre sus iglesias, sino las de éstas con las demás, sobre todo con la de Jerusalén. Varias veces habla de la Iglesia universal, también cualificándola teológicamente ("Iglesia de Dios")[46]. Adherirse a la Iglesia es adherirse a un pueblo universal convocado por Dios.

Descubrimos en el movimiento paulino una semejanza con el judaísmo. El judaísmo se vive y se transmite en el seno de la familia. En una ciudad de la diáspora puede haber diversas sinagogas de base doméstica, pero todas ellas tienen instituciones locales comunes. Y, por supuesto, la comunidad judía de cualquier ciudad tiene muy clara su pertenencia al pueblo judío como tal. Pablo es deudor de la tradición judía, pero no hay duda de que amplía de forma decisiva las posibilidades de acogida y de adaptación de las comunidades de su nación.

Trabajo profesional y estrategia de la cruz

Jesús había mandado a sus enviados que no aceptasen dinero y no llevasen alforja, que confiasen en la providencia del Padre –que vela por los pájaros y las flores–, que permaneciesen en las casas que les diesen acogida, comiendo y bebiendo lo que allí les ofrezcan. Pablo actúa de una forma muy diferente. Vive siempre de su trabajo profesional y no acepta ser mantenido por las comunidades. Sus adversarios le echan en cara que con este comportamiento pone de manifiesto que no es un verdadero apóstol (1 Cor 9,3). Pero Pablo en esto no da su brazo a torcer. Él, que ha transformado hondamente el movimiento de Jesús, también en esto es fiel en la creatividad y en la innovación, porque considera que, dadas las nuevas circunstancias, su trabajo profesional está íntimamente unido a la autenticidad del Evangelio que proclama.

En efecto, Pablo trabaja en Tesalónica (1 Tes 2,9; 2 Tes 3,8-9), en Corinto (1 Cor 4,10-12; 9,1-24; 2 Cor 6,4-5;

---

[46] Domingo Muñoz León considera que el Nuevo Testamento habla de la Iglesia universal en 16 ocasiones: 1 Cor 10,32; 12,28; 15,9; Gal 1,13; Fil 3,6; Ef 1,22; 3,10.21; 5,25.27.29.32; Col 1,18; 1 Tm 3,15; Hch 20,28; Mt 16,18. *Cf.* "'Ekklesia' y 'Ekklesiai' en el Nuevo Testamento", en (Commission Biblique Pontificale) *Unité et diversité dans l'Ecriture*, Città del Vaticano 1989, 113-126.

11,27; Hch 18,3), en Éfeso (Hch 19,11-12; 20,34)[47]. Es un artesano que puede llevar consigo fácilmente los utensilios de trabajar el cuero, pues es un constructor de tiendas de campaña. Su situación es muy diferente a la de los pescadores del Tiberíades y a la de los campesinos de Galilea. ¿Pero por qué no está dispuesto a dejar de trabajar? Porque "no quiere ser gravoso a nadie" (1 Tes 2,9; 2 Tes 3,8), para que quede claro su desinterés (2 Cor 12,14) y que él no es como quienes trafican con la Palabra de Dios (2 Cor 2,17). Tiene derecho a vivir de las comunidades (1 Cor 9,12), pero trabaja porque desea mantener su libertad y no poner obstáculos al Evangelio (1 Cor 9,12). No se trata de seguir literalmente las instrucciones pasadas de Jesús, sino de reinterpretarlas en función de la situación en que se encuentra. En el mundo helenístico había maestros que cobraban por sus lecciones; algunos filósofos aceptaban la hospitalidad y la remuneración de anfitriones ricos; los filósofos cínicos adoptaban actitudes más contraculturales y, con frecuencia, vivían de limosna. Pablo no acepta estos medios y vive de su trabajo.

Pablo tiene una estrategia misionera y desea penetrar en el mundo romano y en la cultura helenística, pero nunca oculta que proclama a alguien que ha sido crucificado. Y quiere expresar a través de su misma forma de vida, de su apariencia externa y de su método de predicación, que anuncia a un Mesías crucificado. No se apoya en la retórica helenista, en la especulación filosófica o en la sabiduría humana: "Yo, hermanos, cuando fui a vosotros, no fui con el prestigio de la palabra o de la sabiduría a anunciaros el testimonio de Dios, pues no quise saber entre vosotros sino a Jesucristo, y éste crucificado. Y me presenté ante vosotros débil, tímido y tembloroso. Y mi palabra y mi predicación no tuvieron nada de los persuasivos discursos de la sabiduría..." (1 Cor 2,1-5).

---

[47] Sobre el trabajo profesional de Pablo puede verse R. F. Hock, *The Social Context of Paul's Ministry. Tentmaking and Apostleship*, Philadelphia 1980; *íd.*, "Paul's Tentmaking and the Problem of His Social Class", *JBL* 97(1978) 555-564. En mi obra citada en la nota 3, p. 166-175.

Pero tampoco se apoya en la ley de los judíos. Si aceptase la circuncisión y las normas judías, podría contar con el amparo que la pertenencia al judaísmo y a la sinagoga conferirían ante las autoridades romanas. Pero si hiciese esto, si aceptase la circuncisión, "acabaría con el escándalo de la cruz" (Gal 5,11). Su evangelio le deja a Pablo a la intemperie y con múltiples oposiciones. Se siente crucificado con Cristo (Gal 2,19), pero sabe que la fuerza de Dios se manifiesta en la debilidad de los hombres.

El trabajo manual, además de garantía de libertad y prueba de desinterés, pertenece a la estrategia apostólica de la cruz, al camino de la debilidad que trata de hacer presente a un Mesías crucificado y siervo, no a una divinidad de apoteosis gloriosas. En el mundo griego existía una consideración muy peyorativa del trabajo manual, tenido por propio de esclavos. Con este trasfondo tan realista hay que entender a Pablo cuando dice que él, que es libre y ciudadano romano, "se hace esclavo" y "se hace débil con los débiles" (1 Cor 9,19.22). Para Pablo, su trabajo manual es "el criterio definitivo de la cruz y de la opción por la debilidad"[48].

El trabajo abría a Pablo posibilidades misioneras porque le servía para establecer contacto con gente, pero era también una tarea con frecuencia agotadora y que le ponía por debajo de sus posibilidades sociales. Los rasgos negativos y duros que conlleva su trabajo se perciben en varios lugares de las cartas, y el apóstol los considera parte de su apuesta por la cruz y la debilidad (1 Cor 4,10-12; 2 Cor 11,27). Y es precisamente en Corinto, donde había bastantes cristianos de clase elevada, donde más se estimaba la sabiduría helenística y donde se habían financiado a otros apóstoles, a Pedro (1 Cor 9,5), a Apolo (Hch 18,27-28) y a los misioneros oponentes a Pablo (2 Cor), donde reivindica con más fuerza su condición de trabajador y quiere dejar más claro con su actitud la visión alternativa de la vida que nace de la cruz.

---

[48] J. Comblin, *Pablo: trabajo y misión*, Santander 1994. De este autor puede verse también *Pablo, apóstol de Jesucristo*, Madrid 1996, 94-100.

En el caso de Pablo, vale aquello de que "el medio es el mensaje". Los medios son inseparables de los fines, y la palabra de libertad radical –tal es el anuncio del amor de Dios– no puede servirse de cualquier técnica de transmisión ni de publicidad. La sabiduría de la cruz tiene que ir acompañada de un testimonio que la exprese vitalmente.

Estrategia de encarnación

Voy a acabar este capítulo con unas reflexiones que recapitulen algo de lo dicho y subrayen la actualidad que para nosotros contiene. Pablo asentó sus comunidades en estructuras sociales para que pudiesen perdurar y extenderse. Evitaba el enclaustramiento sectario, tanto el de tipo gnóstico, elitista e influenciado por el helenismo, como el de tipo judaizante, hipotecado por las seguridades étnicas. La asunción de la casa en la organización de la comunidad suponía una revolución y tenía ventajas, pero también inconvenientes, como pondría de manifiesto la historia posterior. La Iglesia se encarna siempre en estructuras sociales, que están históricamente condicionadas y deben ser discernidas. En la opción por la casa y por la implantación en las ciudades está en juego también el respeto de Pablo, en principio, por el orden social y político vigente, en el que pretende introducir el espíritu del Evangelio.

Pablo hizo posible la encarnación del cristianismo en la cultura occidental, la única encarnación lograda hasta la fecha, pero él personalmente no tuvo nunca interés en dialogar con la cultura pagana, aunque poseía una formación nada desdeñable. La presentación que hace Lucas –pensemos en el discurso del areópago de Hechos 17– no responde a la realidad histórica tal como se ve en las cartas.

En las comunidades paulinas hay una interesante combinación de entusiasmo carismático y de movimiento en trance de organización. Pablo es tanto teólogo como estratega de la evangelización, aunque el idealismo reinante en los estudios exegéticos no lo haya tenido suficientemente en cuenta. Las comunidades paulinas resultan creativas e inestables porque combinan el calor y entusiasmo de la secta con la apertura al entorno social. Pablo marcaba las líneas y opciones fundamentales de su movimiento, pero dejaba pronto una libertad amplísima a las comunidades que fundaba para organizarse y tomar decisiones. Es explicable que la tradición paulina, una vez desaparecido el apóstol, conociese prolongaciones muy diversas y enfrentadas, entre la fuertemente institucionalizada (cartas pastorales) y la radicalmente carismática (hechos apócrifos y montanismo).

Pablo es una invitación permanente a la fidelidad creadora y no repetitiva; a discernir las estructuras históricas y culturales que pueden ser aptas para encarnar la fe y asentar las comunidades, sin despreciar ni sacralizar las del pasado; a no quedarnos donde estamos, sino a ir allí donde nadie aún ha ido; a reformular con libertad lo recibido del pasado para que sea significativo en el presente y en el futuro; a encarar los conflictos intraeclesiales que esto suponga con libertad y sin claudicaciones, pero con flexibilidad y voluntad de comunión.

4

Conflicto y paz en la Biblia

El tema que nos ocupa es amplísimo y complejo. La Biblia nos habla de más de dos mil años de búsqueda apasionada y contradictoria de la paz y de conflictos enormes que, además, se abordan de formas muy diferentes. ¿Cómo abarcar todo ello? Delimito un tema tan amplio con un triple criterio: voy a fijarme, sobre todo, en los textos neotestamentarios y, más especialmente, en los que reflejan la actitud del movimiento de Jesús y en los del movimiento cristiano posterior, una preocupación que ha aparecido en los capítulos anteriores de este libro; voy a hacer, como explicaré enseguida, una lectura cristiana del conjunto de los textos, es decir, valorándolos a la luz de Jesús, considerado clave hermenéutica de la Biblia entera; me interesa también que el tratamiento del tema sirva para iluminar los acuciantes problemas en torno a la paz que se presentan en nuestro mundo.

La verdad es que la cuestión del conflicto y de la paz es absolutamente central en la Biblia. Habla de un Dios a quien el pueblo descubre en la historia y a través de la historia, es decir, en medio de sus avatares y conflictos. Es un Dios que no saca a sus fieles de la historia ni les ahorra la vivencia de sus incertidumbres; al contrario, les responsabiliza para que cumplan su voluntad en la historia, que no es otra cosa, en el fondo, que humanizarla. Por otra parte, como veremos, la paz, quizá el anhelo humano más hondo y universal, se convierte en la Biblia nada menos que en expresión eminente de la salvación religiosa.

No pretendemos extraer una doctrina sobre los conflictos y la paz en la Biblia. Se trata de un libro demasiado rico, amplio, complejo y hasta contradictorio como para que esto sea posible. No hay que esperar recetas de la Biblia. Pero en la Biblia sí nos encontramos una historia fundante y paradigmática para que nos confrontemos con ella, para que descubramos luces, enseñanzas, tentaciones, tendencias de fondo...; una historia decisiva para discernir teológica y creativamente la nuestra. No pretendo hablar de todo ni aclarar tantas dificultades como un tema tan complejo plantea. Hago un planteamiento selectivo, pero que espero que sea útil.

En primer lugar presentaré unas perspectivas que me parecen centrales en la Biblia en torno a la paz y al discernimiento de los creyentes en medio de los conflictos. En estos puntos tendrán un peso especial las referencias al Antiguo Testamento. En segundo lugar me voy a fijar en algunas reinterpretaciones que la paz –*shalom* bíblico– tuvo en el cristianismo primitivo y que resultaron históricamente decisivas y pueden ser muy significativas en el presente. Naturalmente, es imprescindible y decisiva la referencia al mensaje y la vida de Jesús, aunque soy muy consciente que este tema clave exigiría, por sí mismo, un tratamiento específico y más amplio. Quiero insistir en este punto. El pasado lo leemos siempre y necesariamente desde el presente. La situación que ocupamos en el presente condiciona decisivamente la visión que nos hacemos del pasado. Pues bien, voy a tratar mi tema –*conflicto y paz en la Biblia*– desde el mensaje, la vida y la muerte de Jesús. Considero que Jesucristo es clave hermenéutica para interpretar la tradición de su pueblo: en él, las cosas se aclaran, culminan y también se corrigen.

La paz en la Biblia como ideal antropológico y social

Hay una serie de palabras que expresan realidades y anhelos humanos muy profundos, que se usan de forma imprecisa y con frecuencia contradictoria. Palabras tales como fraternidad, Dios, amor... y, por supuesto, paz. No es raro que contendientes ferozmente enfrentados enarbolen la paz para defender cosas radicalmente opuestas. Continuamente vemos que para unos aferrarse a una situación es defender la paz, mientras que otros se esfuerzan en denunciarla y combatirla porque consideran que es precisamente lo que se opone a la paz. Hay palabras polivalentes, cargadas de resonancias y hondura, abiertas a los usos más confusos y demagógicos, que, sin embargo, son irrenunciables, pero que hay que estar continuamente levantando del fango, limpiando, para recuperar su sentido genuino. Más aún, la paz es la más inclusiva de todas las virtudes, y precisamente por eso se puede concebir de maneras muy diferentes según se enfatice un aspecto u otro.

No hay duda de que las diversas concepciones antropológicas dan pie a ideales diversos, a diferentes formas de entender la paz, a distintas estrategias para regular los conflictos. En el pensamiento de la modernidad occidental, Hobbes, en su famosa obra *Leviatan,* consideraba que el estado natural de la humanidad era la lucha de unos contra otros. El ser humano es "un lobo para su semejante". La paz es vista como una tregua frágil para evitar la destrucción de todos. Sin embargo, otro pensador contemporáneo, Locke, tenía una idea más positiva de la paz. No creía que el estado de naturaleza fuese la lucha o la guerra; los seres humanos estaban destinados a "vivir juntos de acuerdo con la razón"; cabe aspirar a la paz positiva basada en la convivencia y en los derechos humanos.

La palabra griega *eirene,* como la latina *pax,* subrayan más bien el aspecto negativo del cese de hostilidades. En cambio, el *shalom* hebreo es un concepto eminentemente positivo y encierra la idea de plenitud, de integridad personal física y espiritual, la convivencia armoniosa de los seres humanos entre sí, con la naturaleza y con Dios. La paz de ninguna forma se limita a la ausencia de guerra. Por eso, como veremos, la Biblia denuncia las falsas paces, es decir, el llamar paz al desorden congelado, a una situación flagrantemente injusta. Con el paso del tiempo, a medida que las esperanzas se hunden y, al tiempo, se purifican, el pueblo de Israel va percibiendo que hay una paz radical y definitiva, que es escatológica y don de Dios. Los profetas lo expresan con el lenguaje poético y lleno de imágenes al que inevitablemente se recurre cuando se trata de sugerir algo que no existe, un futuro nuevo que desborda nuestra existencia. A veces se piensa en un descendiente idealizado de David, el Mesías, que traerá la paz:

"Estará el señorío sobre su hombro,
y se llamará su nombre... Príncipe de Paz.
Grande es su señorío y la paz no tendrá fin sobre el trono de
David y sobre su reino para restaurarlo y consolidarlo
por la equidad y la justicia (Is 9,5-6).

El profeta le dice al pueblo que se encuentra sumido en la máxima oscuridad, que el viejo tronco de David, la monarquía entonces abatida, volverá a reverdecer y vendrá "un retoño sobre el que reposará el espíritu de Yahvé... y que juzgará con justicia a los débiles... Justicia será el ceñidor de su flancos"; de esta manera, traerá la paz descrita con imágenes muy bellas:

"Serán vecinos el lobo y el cordero, y el leopardo se echará con el cabrito... hurgará el niño de pecho en el agujero del áspide. Nadie hará daño, nadie hará mal en todo mi monte santo, porque la tierra estará llena de conocimiento de Yahvé" (Is 11,1-9).

Estas imágenes subrayan las dimensiones cósmicas y ecológicas de la paz; hay otras que ponen de relieve los aspectos sociales y antimilitaristas: todos los pueblos reconocerán a Yahvé y

"forjarán de sus espadas azadones y de sus lanzas podaderas. No levantará la espada nación contra nación, ni se ejercitará más para la guerra" (Is 2,3-4).

Las tendencias militaristas están también siempre presentes en Israel. Son una tentación que, de hecho, ha acarreado grandes desgracias al pueblo. En varios profetas, quizá para contrarrestar a otros (*cf.* Joel 4,9-10), hay una exhortación fortísima a no confiar en los carros de combate y en la espada; consideran el establecimiento de alianzas con las grandes potencias del entorno como idolatría y abandono de Yahvé. Pero lo que ahora más interesa es que Zacarías quiere dejar bien claro que este Mesías que traerá la paz, que este descendiente de David, tendrá una estrategia totalmente diferente a sus predecesores reales y será un rey pacífico: viene *"humilde y montado en un asno... suprimirá los carros de Efraín y los*

*caballos de Jerusalén; será suprimido el arco de guerra y procla-
mará la paz a las naciones" (Zac 9,9-10).*

La Biblia está dando el nombre de paz a una manifestación tal de Dios que supondrá la transformación de la historia; es decir, vincula la revelación de Dios y su aceptación con
una insospechada plenitud humana y social. La revelación de
Dios será plenitud humana, y la Biblia no encuentra mejor
palabra que *shalom*/paz para expresarlo. La paz así entendida
es un don escatológico que está más allá de las posibilidades
de la historia; es don de Dios, pero que requiere apertura y
acogida. Bien entendido que acoger la paz requiere construir-
la en la medida humana posible, necesariamente limitada y
deficiente. Es a lo que el salmo exhorta al justo, a *"huir del
mal y hacer el bien, buscar la paz y andar tras ella"* (Sal 34,15).

Quien cree en la paz escatológica —en última instancia esta
paz se acepta por la fe y apoyados en la promesa de Dios a la
humanidad— necesariamente adquiere conciencia crítica ante
toda situación y descubre las limitaciones e imperfecciones de
todo lo que históricamente se tiene por paces. El ideal escatológico de paz se traduce en crítica social, pone en movimiento, estimula la creatividad social para proponer nuevas
metas y descubrir nuevos caminos.

La Biblia nos invita a ser utópicos y realistas al mismo
tiempo. Esto es importante siempre, pero reviste especial ur-
gencia en el tema de la paz. Me explico. Hay que distinguir entre la paz escatológica y la paz —llamémosla "cívica"— posible en
un determinado momento. La paz plena es un ideal escatológico no alcanzable históricamente; es un ideal regulador, un
horizonte que, por definición, no es nunca alcanzable, pero
que nos permite situar todas las realidades. El creyente no se
conforma con menos que con la paz plena que Dios promete,
pero también sabe que esa paz no se identifica con ningún futuro histórico. Otra cosa es la paz cívica que se puede alcanzar
en un determinado momento, provisional, limitada, pero positiva y que implica una suficiente regulación de la violencia y
un suficiente respeto de los derechos fundamentales, a valorar
según los tiempos y las circunstancias. Si se identifica una situación de paz cívica o histórica con la paz definitiva se incu-

rre en totalitarismo y en idolatría de la autoridad. Pero si el ideal escatológico de paz no ya critica a la paz histórica, sino que la deslegitima por principio, entonces esa fe se convierte en una irracionalidad perniciosa y violenta.

El hecho de que la Biblia sitúe la historia y la vida humana en el horizonte de la paz tiene grandes consecuencias y condiciona la forma de afrontar los conflictos que son esenciales a la condición temporal y limitada. Precisamente porque es un ideal de plenitud, la paz no es un irenismo fácil ni un curalotodo superficial. La paz auténtica supone conflictos y, a veces, los provoca. Pero también nos enseña que el conflicto no es lo último y que hay que encararlo siempre pensando en la reconciliación, es decir, en superarlo creciendo en entendimiento y en comunión. Se trata de superar la enemistad, no de eliminar al enemigo. Nunca se puede identificar a la persona del otro con la causa que defiende y que, quizá, combatimos. La vocación última del ser humano no es a prevalecer frente a otros adversarios, sino a entrar en comunión con otros hermanos; la clave última de la historia es el *shalom*, la reconciliación. Y esto confiere un talante: en medio del conflicto nos hace descubrir siempre lo que nos une y nos despierta a la común humanidad.

Jeremías: cuando la comodidad y las quimeras se convierten en falsas paces

Vamos a fijarnos ahora en un momento crítico y de especialísimo interés. En esas circunstancias, cuando está en juego la supervivencia misma de Jerusalén y del pueblo, Jeremías va a tener la tarea complejísima y muy incómoda de descubrir los caminos de la paz. Esta tarea es dura, molesta, y el profeta desearía con toda su alma verse liberado de ella:

> *"Cada vez que abro la boca es para clamar: ¡atropello!, y para gritar: ¡me roban!. La palabra de Yahvé ha sido para mí oprobio y befa cotidiana. Yo decía: no volveré a recordarlo, ni hablaré más en su nombre... Escuchaba las calumnias de la turba: ¡terror por doquier!, ¡denunciadle!, ¡denunciémosle!" (Jer 20,8-10).*

El profeta desearía vivir tranquilo, pero no puede, porque la experiencia de Dios se le impone y no le deja escapar:

"Me has seducido, Yahvé, y me dejé seducir; me has agarrado y me has podido... Había algo así como fuego ardiente, prendido en mis huesos, y aunque yo trabajaba por ahogarlo no podía" (Jer 20,7.9).

El profeta ve que los babilonios están encima, y esto se debe a la culpa del pueblo, a las injusticias y a su alejamiento de la voluntad humanizadora de Dios. El pueblo y sus líderes, insensatos y ciegos, no hacen caso al profeta. Más aún, le denigran y persiguen para que se calle. La tarea de Jeremías es dolorosa, pero no ceja. Denuncia el uso de las instituciones religiosas para legitimar la injusticia y tranquilizar las conciencias. Se pone a la puerta del templo y clama contra quienes *"roban, matan, adulteran y juran en falso"* y luego entran donde se invoca el nombre de Yahvé y dicen: *"Estamos seguros"*. Pregunta retóricamente: *"¿Se os antoja que lleva mi nombre una cueva de bandidos?"* (Jer 7,8-11).

Después de los sacerdotes, critica también a los sabios, que dicen *"poseer la ley de Yahvé"*, pero, en realidad, *"la falsea el cálamo mendaz de los escribas"*, porque la despojan de sus exigencias liberadoras. Quedarán confusos los sacerdotes y los sabios, pero también lo serán los profetas. La crítica contra las diversas instancias religiosas es radical porque halagan los oídos del pueblo, lo adormecen, legitiman la injusticia y, de esta forma, se hacen responsables de la desgracia que se avecina a manos de los babilonios.

Para nuestro tema tiene especial interés los reproches dirigidos a los profetas. Reiteradamente les echa en cara Jeremías que llamen paz a una situación de flagrante injusticia, favoreciendo así a ésta y adormeciendo al pueblo anta la catástrofe que se avecina:

"Han curado el quebranto de mi pueblo a la ligera, diciendo: Paz, paz, cuando no había paz. ¿Se avergonzaron de las abominaciones que hicieron? Avergonzarse, no se avergonzaron... sus casas están llenas de fraudes. Así se enriquecieron y engrandecieron, engordaron, se alustraron. La causa del huérfano no juzgaban y el derecho de los pobres no sentenciaban... Algo pasmoso y horrendo se ha dado en la tierra: los profetas profetizando infundios mientras los sacerdotes aplaudían" (Jer 6,14; 5,27-31; cf. 8,10-11; 4,10; 14,13; 23,16-17.21.32).

Pero Jeremías no se limita a denunciar las falsas paces, que encubren la injusticia. Cuando la amenaza de los babilonios es ya muy visible, hay quienes creen que la salvación está en la alianza con la gran potencia del sur, con Egipto. El profeta lo considera no sólo una insensatez que va a provocar males mayores, sino sobre todo una idolatría, porque supone poner en un imperio y sus armas la confianza que Israel sólo debe a Yahvé.

> *"¿Qué cuenta te tiene encaminarte a Egipto para beber las aguas del Nilo?, ¿o qué cuenta te tiene encaminarte a Asiria para beber las aguas del Río? Que te enseñe tu propio daño, que tus apostasías te escarmienten, reconoce y ve lo malo y amargo que resulta el dejar a Yahvé tu Dios y no temblar ante mí" (Jer 2,28-19).*

Insisto: la idolatría no consiste en que Israel acepte los dioses de Asiria o de Egipto. Radica, más bien, en que los imperios y su fuerza ocupan el lugar que corresponde al Dios Yahvé[49]. Por otra parte, para Jeremías es muy claro que el verdadero reconocimiento de Yahvé implica la práctica de la justicia interhumana:

> *"¡Ay del que edifica su casa sin justicia y sus pisos sin derecho! De su prójimo se sirve de balde y su trabajo no le paga. El que dice: Voy a edificarme una casa espaciosa y pisos ventilados... ¿Serás acaso rey porque seas un apasionado del cedro? Tu padre ¿no comía y bebía? ¡Pero practicaba la justicia y el derecho! Por eso todo le iba bien. Juzgaba la causa del pobre y del desvalido. Por eso todo iba bien. ¿No es eso conocerme?" (Jer 22,13-16).*

Pero el ministerio de Jeremías no acaba aquí. Cuando el pueblo sucumbe bajo los babilonios, hay profetas y adivinos que alientan la sublevación. Sin embargo, Jeremías considera que la propuesta de rebelión es descabellada y que las fantasías militares llevan a la catástrofe. Pide aceptar la dependencia de Babilonia:

> *"Vosotros no oigáis a vuestros profetas, adivinos y soñadores, augures ni hechiceros, que os hablan diciendo: No serviréis al rey de Babilonia, porque cosa falsa os profetizan... Pero la nación que someta su cerviz al rey de Babilonia y le sirva, yo la dejaré tranquila en el suelo —oráculo de Yahvé— y lo labrará y morará en él... No oigáis las palabras de los profetas que os dicen: No serviréis al rey de Babilonia, porque cosa falsa os*

---

[49] J. L. Sicre, *Los dioses olvidados. Poder y riqueza en los profetas preexílicos*, Madrid 1979.

profetizan, pues yo no les he enviado y ellos andan profetizando en mi Nombre falsamente; no sea que yo os arroje y perezcáis vosotros y los profetas que os profetizan" (Jer 27,8-10.14-15).[50]

Jeremías presenta de forma diferente el mensaje de paz según las circunstancias del pueblo van también modificándose. Al principio, insiste en que no puede llamarse *paz* a una situación flagrantemente injusta, no se puede ni cerrar los ojos a la necesidad de cambio ni bloquear las exigencias proféticas, ni las exigencias de la ley, ni las exigencias del culto, que son las exigencias que Dios dirige a través de estos medios para hacer justicia. Pero el profeta constata que, desgraciadamente, los líderes religiosos —sacerdotes, sabios y profetas— se han convertido en ideólogos de un sistema injusto, de una paz falsa. Pero la paz tampoco viene —dice después Jeremías— por la alianza con un imperialismo para oponerse a otro. Ni tampoco viene por una sublevación militar contra el dominio babilónico. No es ésta ciertamente una situación ideal, pero debe aceptarse para evitar males mayores y, sobre todo, porque el pueblo tiene que reflexionar sobre sus propias culpas, que la han provocado.

Jeremías denuncia tres falsas paces: la paz falsa de la tranquilidad aparente, pero sumamente injusta; la paz falsa de la fuerza imperial; la paz falsa de la rebelión armada. En todos los casos, este profeta recuerda las exigencias de Dios a través del culto verdadero, de los verdaderos profetas, de la ley verdadera: la justicia interhumana. Se podría, quizá, decir que Jeremías insta siempre al pueblo a construir la paz desde abajo, tejiendo una red social justa, humanizadora, verdadera y compasiva, sin resignaciones cómodas, pero sin fanatismos precipitados.

Jeremías, como otros profetas, se opone a que Israel establezca alianzas con los imperios hegemónicos fundamentalmente porque, como ya he dicho, supone proyectar sobre ellos la confianza que sólo en Yahvé debe ponerse. El *shalom*

---

[50] 1 Re 22 presenta en un texto bellísimo a los falsos profetas que, en medio del clamor popular, animan a la guerra y la legitiman, prometiendo el éxito en ella, y acaban llevando a la catástrofe a Judá y a Israel. Por el contrario, Miqueas predecía la desgracia y deslegitimaba la guerra, pero lo metieron en la cárcel y no le prestaron oídos.

bíblico no es la paz que imponen los imperios por la fuerza. Israel es un pueblo pequeño entre imperios poderosos al norte y al sur, cuya fe en Yahvé –su rasgo distintivo– implica distanciarse de esta dinámica de dominación para configurar un tipo de relaciones sociales alternativo –esto es lo que pretenden la ley y los profetas– y que tienda y refleje el ideal de humanidad reconciliada del *shalom* definitivo.

Sin embargo, Jeremías sí defiende que se acepte la sumisión a los babilonios. Ahora no se trata de buscar la salvación poniendo la confianza en la alianza con un imperio. Es la aceptación práctica de una situación de hecho para evitar una catástrofe y para que el pueblo reflexione sobre sus responsabilidades y se corrija.

Algunas tradiciones bíblicas no proféticas no son tan críticas con las alianzas imperiales. Años más tarde, Judas Macabeo va a buscar la alianza con Roma, la gran potencia del tiempo, para sacudirse el yugo de los griegos (1 Mac 8). El libro de los Macabeos nos cuenta cómo la alianza con Roma fue renovada en tiempo de Jonatán (1 Mac 12,1-4) y de Simón (1 Mac 14,16-18). Por cierto, fue bien elevado el precio que Simón tuvo que pagar a los romanos: envió *"un gran escudo de oro de mil minas de peso* (casi 600 kilos) *para confirmar la alianza con ellos* (los romanos)" (1 Mac 14,24). No habían pasado ochenta años cuando las tropas romanas, pese a tanta amistad y tantos regalos, acababan con el Estado judío. La alianza imperial, en la que Israel buscaba la paz, provocaba la catástrofe. Habrá entonces quienes defiendan el mantenimiento de la alianza con los romanos; otros abogarán por la mera aceptación práctica de su dominio; no faltarán quienes, invocando a Yahvé como único Señor, proclamen la sublevación contra los romanos. Todos lo harán en nombre de la paz, entendida de formas diferentes. En esta coyuntura es cuando aparece Jesús de Nazaret.

Conflicto y paz en Jesús

La tradición ha solido ver en Jeremías, en su actitud y en su mismo destino personal un anticipo de Jesús de Nazaret.

Es inevitable hacer ahora algunas referencias a éste, aunque no sean todo lo amplias que el tema requeriría. Como ya he dicho, nuestra lectura de la Biblia se realiza desde Jesús, es decir, desde Él se valoran las diversas tradiciones. Permítaseme en este punto confesar que mi situación personal en el País Vasco nos ha hecho, a mí y a muchos otros, reflexionar sobre estos temas en el evangelio de Jesús y nos ha agudizado la sensibilidad a determinados aspectos. Puede notarse, quizá, en la brevísima exposición que sigue a continuación.

Se ha dicho con razón que Jesús fue *un hombre en conflicto* [51] y, sin embargo, su mensaje es *una buena noticia/evangelio de paz*. Articular ambos aspectos nos lleva al corazón de su proyecto y de su vida.

La cruz de Jesús, auténtica clave histórica y teológica de toda su vida, no es ni un mero accidente del camino ni algo que adviniese casualmente, sino el desenlace de toda una serie de conflictos que atravesaron toda su existencia y que fueron creciendo a lo largo de toda ella. Conflictos con las autoridades judías, sobre todo con las sacerdotales; también con las romanas, que fueron las responsables últimas de su ejecución; conflictos, probablemente especialmente dolorosos, con su familia[52]. La cruz había ido preparándose con una muerte civil, con todo un proceso de etiquetamiento negativo, de estigmatización: le dicen que es amigo de pecadores y publicanos, que está endemoniado, que actúa por el poder de Beelzebul, que está loco, que es un seductor del pueblo y un subversivo del orden establecido, etc.

Por otra parte, el anuncio central de Jesús se formula casi siempre como el Reino de Dios, pero algunas veces como la paz o el anuncio de la paz. Son equivalentes. De hecho, los discípulos enviados por Jesús anuncian indistintamente *la llegada del Reino de Dios* o *la paz a esta casa*. Quienes aceptan el

---

[51] Me refiero al libro de C. Bravo, *Jesús, hombre en conflicto. El relato de Marcos en América latina,* Santander 1986.

[52] Sobre este tema, de importancia crucial, el magnífico libro de S. Guijarro, *Fidelidades en conflicto. La ruptura con la familia por causa del discipulado y de la misión en la tradición sinóptica,* Salamanca 1998.

mensaje son *los hijos del Reino* o *los hijos e la paz* (Lc 10,6), expresión por cierto desconocida y que con toda probabilidad procede del Jesús histórico. Es un hebraísmo típico resaltar las características de un grupo con la expresión *hijos de (la luz, la verdad, la mentira...)*. Lo que caracteriza a los discípulos de Jesús es que son *hijos de la paz*.

La paz de Jesús, por supuesto, no es la tranquilidad cómoda para los poderosos. Al contrario, el Reinado de Dios, es decir, el erigir a Dios y a su proyecto histórico de fraternidad en el valor supremo, supone la relativización y la crítica radical de los valores hegemónicos socialmente, tales como el honor y el dinero. Pero el Reinado de Dios también implica una crítica radical de la teología imperial, de la divinización del emperador y de la legitimación teológica de la paz romana. Cuando Jesús contrapone su modelo de relaciones humanas al de los *"jefes que actúan como señores absolutos y a los grandes que oprimen a las naciones con su poder"* (Mc 10,42), está criticando la paz romana. No voy ahora a desarrollar las consecuencias que esto tiene, pero las vemos en la oposición que encontró Jesús, en su destino mismo, que culminó en la cruz.

En el fondo, lo que sucede es que las estructuras del viejo mundo, y sus beneficiarios y señores, se cierran en banda y reaccionan con violencia contra la novedad del Reino de Dios; que la paz del Reino de Dios saca a la luz las injusticias, denuncia las falsas paces, y esto encuentra resistencias y provoca conflictos. De la misma manera que una herida no se cura si cierra en falso, sino que hace falta limpiarla aunque escueza, también la paz verdadera pasa por afrontar lo que a ella se opone, lo que puede ocasionar graves conflictos.

En la vida de Jesús, el conflicto es un elemento clave y central, unido, como el anverso y el reverso, con su proclamación de paz en medio de una sociedad convulsa e injusta. Ahora bien, del mismo núcleo del mensaje de Jesús nace una forma peculiar de vivir el conflicto. Lo voy a señalar de forma muy esquemática.

- El discípulo de Jesús no puede renunciar nunca a la justicia, que se basa en el reconocimiento de la dignidad y de la igualdad de cada ser humano. Los salmos e Isaías decían que *"la paz y la justicia se besan"*. Son falsas paces las que encubren la injusticia. La paz no es un tapujo ni una adormidera sentimental, ni consiste en bellas palabras. La carta de Santiago —escrito judeocristiano que recoge varias tradiciones evangélicas— dice: *"Si un hermano o una hermana están desnudos y carecen del sustento diario, y alguno de vosotros le dice 'vete en paz...', pero no le dais lo necesario para el cuerpo, ¿de qué sirve?"* (Sant 2,15-16).

La justicia es la base imprescindible de la paz, pero no basta. Más aún, un mundo construido a base de justicia a palo seco sería inhumano. El horizonte de Jesús, que brota de una experiencia personal, es el amor gratuito y misericordioso de Dios, que se convierte en paradigma del actuar humano y en fuente de comportamientos alternativos, desconcertantes para la mentalidad positivista e interesada, pero que encierra sorprendentes posibilidades humanizadoras.

En medio del conflicto inevitable, la perspectiva es siempre la reconciliación, entendida como el reencuentro entre personas. Hay que distinguir siempre entre la causa o la actitud que se combate y la persona que la representa. Se trata de combatir la enemistad o la injusticia, no de destruir a la persona adversaria o injusta. Dios no quiere nunca la destrucción del pecador, sino su conversión.

Además, para Jesús, ninguna persona incorpora nunca ni el bien absoluto ni el mal absoluto. De ninguna manera significa esto el relativismo histórico total, pero sí el distanciamiento del fanatismo que siempre acecha. En el campo hay siempre trigo y cizaña, y la última palabra, la definitiva, hay que dejarla a Dios solo. Puede parecer que esto desmoviliza la capacidad de asumir una causa, pero lo que evita es la crispación en la vida, el fanatismo en la lucha y la frustración en el fracaso.

- Así se entiende la no violencia, que pertenece a lo más nuclear del mensaje de Jesús y supone la existencia de conflictos muy serios. Jesús lo formula de una manera paradójica y provocativa; no pretende promulgar preceptos concretos, sino presentar ejemplos que estimulan la imaginación y la creatividad moral (Mt 5,38-45). Supera la ley del talión (*"ojo por ojo y diente por diente"*), que ya en su tiempo había sido una limitación de la venganza (Gen 4,23-24).

La no violencia y la renuncia a la venganza implican hacer de la confianza en Dios y en su justicia una fuente de comportamientos de superior calidad ética. Lo expresa magníficamente san Pablo con alusiones claras a tradiciones que provienen del mismo Jesús:

> *"...sin devolver a nadie mal por mal; procurando el bien ante todos los hombres; en lo posible, y en cuanto de vosotros dependa, en paz con todos los hombres; no tomando la justicia por cuenta vuestra... si tu enemigo tiene hambre, dale de comer; y si tiene sed, dale de beber; haciéndolo así, amontonaréis ascuas sobre su cabeza. No te dejes vencer por el mal antes bien, vence al mal con el bien"* (Rom 12,14-21).

Pero la no violencia busca también la operatividad social: pretende cambiar la actitud del agresor. Jesús formula la no violencia de una manera y con una radicalidad especiales, pero es un comportamiento que tiene analogías en el judaísmo del tiempo[53]. Flavio Josefo nos informa de, al menos, dos grandes acciones no violentas de los judíos contra sendas provocaciones de los romanos (la introducción de los estandartes de las legiones descubiertos en la explanada del templo y el intento de Gayo Calígula de colocar su estatua en el templo de Jerusalén) y que, por cierto, consiguieron modificar la actitud de la autoridad imperial. La no violencia evangélica no es pasividad, sino resistencia ante la injusticia; implica superar las reacciones instintivas o meramente reactivas, supone autocontrol y un eminente ejercicio de la libertad, y busca romper el círculo diabólico de la violencia. La articulación de la justicia y de la no violencia debe configurar inseparablemente el comportamiento de quienes aceptan el Reinado de Dios. Jesús descartó radicalmente la idea popular judía de mesías guerrero y triunfador, y fue totalmente coherente en su com-

---

[53] G. Theissen, "La renuncia a la violencia y el amor a los enemigos (Mt 5,38-48; Lc 6,27-38) y su trasfondo histórico social", en *Estudios de sociología del cristianismo primitivo*, Salamanca 1985, 103-148.

portamiento con su doctrina. Me permito, además, añadir que la no violencia de Jesús ha tenido una eficacia histórica, una repercusión y una duración infinitamente mayores que los caminos diferentes de otros líderes de aquel tiempo.

- El perdón y el amor a los enemigos desarrollan esta misma línea. Ambos suponen la existencia de conflictos y enemistades. Lejos de desconocerlos, son elementos claves para superarlos realmente, pero en la perspectiva de la reconciliación y del reencuentro entre las personas.

Jesús reitera el perdón en contextos diferentes. Habla del perdón entre *los hermanos* (Mt 18); puede entenderse del perdón entre sus discípulos. En este contexto explicita la raíz última de la disposición humana de perdonar al ofensor: la misericordia infinita y gratuita de Dios que hemos experimentado en la propia vida. *"¿...No tendrías que tener tu también misericordia de tu hermano como Dios la ha tenido contigo?"*

Se discute mucho si el perdón, que es un amor gratuito y que va más allá de la justicia, puede justificarse a la luz de la mera razón humana. En cualquier caso, creo que se puede decir que la experiencia del Dios de Jesús proporciona una fundamentación singularmente honda del perdón, porque introduce en una dinámica de amor gratuito, de superación de la reciprocidad interesada o reactiva; purifica y abre a la acción del espíritu del mundo futuro. El precepto externo del perdón no es lo primero ni lo más importante, porque no viene sino a ratificar y a recordar una exigencia que surge intrínsecamente desde el corazón mismo de la experiencia cristiana.

En el sermón del monte, el perdón y el amor a los enemigos no se refieren sólo a los adversarios personales, sino también a los del pueblo. Es decir, se trata de un perdón que va más allá de las relaciones personales o intracomunitarias y que se convierte en una exigencia social y pública. En el cristianismo primitivo y en el mismo evangelio de Mateo se entendió como perdón a los perseguidores, tanto a los líderes de la sinagoga como a los romanos.

Jesús declara bienaventurados a los que trabajan por la paz, porque ellos serán llamados hijos de Dios. Está pensando, al menos en el evangelio de Mateo (*cf.* 5,10-12), en situaciones de persecución y sufrimiento. Subraya la vinculación entre trabajar por la paz y ser hijos de Dios. De esta forma, Jesús retoma el motivo de la imitación de Dios, que caracteriza a la más elevada espiritualidad judía. Y es que Dios, como repite san Pablo, es un "Dios de paz" (Rom 16,20; Rom 15,33; Fil 4,9; 1 Tes 5,23; 2 Tes 3,16; Heb 13,20). Poco después, vuelve a vincular la filiación divina con el perdón a los enemigos:

> *"Amad a vuestros enemigos y rogad por los que os persiguen, para que seáis hijos de vuestro Padre celestial, que hace salir su sol sobre malos y buenos y llover sobre justos e injustos" (5,44-45).*

Y es que el amor a los enemigos es el más desinteresado, el más gratuito, el que más rompe la reciprocidad interesada y, por eso, el que más nos identifica con Dios, el que más nos hace hijos suyos, porque Dios es puro don y amor gratuito. Aparece con claridad que el perdón a los enemigos es un elemento clave de la forma cristiana de entender la construcción de la paz. Ambas actitudes se vinculan con el "ser hijos de Dios".

Esto plantea problemas y abre perspectivas de gran complejidad, pero de enorme importancia, que no puedo abordar ahora. Quiero insinuar solamente la importancia del perdón en la vida pública[54]. Es un gran tema de nuestro tiempo, que se está planteando en tantas sociedades que tienen que afrontar un pasado trágico y cerrar graves heridas (guerras civiles, dictaduras militares, regímenes totalitarios, segregación racial, represiones enormes...). El perdón es de esas palabras humanas y cristianas irrenunciables, pero manipulable de forma fácil y perversa. Pensemos en las autoamnistías de tantos dictadores, en el echar tierra sobre el pasado sin curar las heridas, etc. El perdón no equivale al olvido; supone el conocimiento de la verdad y la realización de la justicia. Pero el perdón es necesario para sanar la memoria y abrir un futuro nuevo; es un acto libre y eminentemente creador porque abre posibilidades nuevas y libera del pasado. El perdón se consuma en una

---

[54] Puede verse el libro en colaboración *El perdón en la vida pública*, Universidad de Deusto, Bilbao 1999, en el que se aborda el tema desde las perspectivas filosófica, política, jurídica y teológica; esta última la he desarrollado yo mismo en las páginas 202 a 233.

relación cuando la víctima lo ofrece y el victimario reconoce su responsabilidad y lo acepta.

No puedo desarrollar ahora la complejidad de un proceso político de perdón. Pero sí puedo decir que hay que reivindicar el valor social y político de los valores evangélicos y, concretamente, del perdón rectamente entendido; deseo reivindicar la eficacia política del perdón. Los valores evangélicos más radicales son propuestas humanizadoras, salvadoras, no quimeras de espaldas a la vida real de los humanos.

Quizá la gran cuestión de los cristianos y de la Iglesia es tener autoridad moral, ante todo ante las víctimas, para poder proponer el valor evangélico del perdón. Habrá que hacerlo no desde arriba y desde afuera, como quien domina una doctrina teórica, lo que resulta ante el dolor real petulante y hasta ofensivo, sino desde la solidaridad probada con las víctimas, asumiendo su dolor, implicándose en la justicia de sus causas, respetando los procesos humanos y psicológicos, sobre todo cuando las heridas están aún en carne viva.

La paz y la capacidad inclusiva del cristianismo

En el cristianismo primitivo los conflictos fueron muy numerosos tanto en el interior de la comunidad como con la sociedad del entorno, con la sinagoga judía y el Imperio romano. En el Nuevo Testamento encontramos diversas formas de plantear la paz, que señalo brevemente[55].

Las comunidades joánicas se aíslan respecto al mundo, al que consideran totalmente corrompido y presidido por el maligno; se cultivan unas relaciones intracomunitarias muy intensas y afectivas. Hay que amar a los hermanos y odiar al mundo corrompido: *"Os dejo la paz, mi paz os doy, no os la doy como la del mundo"* (Jn 14,17). Son comunidades que se desentienden de las vicisitudes sociales y se vuelcan en la construcción de la paz interna de la comunidad.

---

[55] K. Wengst, *Pax Romana and the Peace of Jesus Christ*, Londres 1987.

El Apocalipsis presenta otra voz, minoritaria dentro del NT, pero muy característica. Es la voz de las iglesias pobres y perseguidas de Asia Menor. Tienen una visión totalmente negativa de la paz romana. Propugnan la resistencia frontal contra el Imperio y contra las costumbres de la sociedad pagana. Son iglesias que viven al margen de la sociedad pagana. Este talante resistencial y esta condena de la paz del Imperio se sostienen gracias a la esperanza en la futura paz escatológica.

A Pablo le hemos dedicado el capítulo anterior, y aquí, brevísimamente y en función del tema que nos ocupa, vamos a recordar algunas de las cosas dichas. Sabemos todo lo que le importa a Pablo, y más aún a la tradición paulina posterior, que los fieles puedan vivir en el mundo y que el cristianismo se extienda. Así se explica el surgimiento de comunidades que cultivan una profunda identidad interior, pero que se abren y hacen posible que sus miembros tengan relaciones fluidas con su sociedad. No se sacraliza la paz romana, pero se la acepta y se la considera un orden legítimo, en cuyo seno —no al margen, ni fuera de él— pueden y deben vivirse los valores cristianos. Este cristianismo que opta por la extensión opta también por la encarnación. Es obvio que se abre así una dinámica fascinante, llena de posibilidades y riesgos, de la que en un sentido muy real todos somos herederos. La paz de la que se habla explícitamente es la interna a las comunidades cristianas, porque la gran preocupación es su consolidación y extensión.

El Reino de Dios de Jesús era una propuesta a toda la sociedad, a Israel en su conjunto; era una propuesta política en el sentido de que intentaba configurar la vida de la "polis". Jesús, como otros profetas y maestros judíos, tuvo discípulos y formó su propia comunidad, pero hacía propuestas para la convivencia de la sociedad judía en su conjunto. De ahí nacen precisamente la virulencia de los conflictos que ocasionó.

Muy pronto las cosas cambiaron. Se abandona la terminología política y se adopta la doméstica. Se deja de hablar del Reino de Dios y la preocupación se centra en la propia comunidad: tejer una red de comunidades movidas por los valores evangélicos, suficientemente adaptadas a la sociedad greco-romana y que se vayan extendiendo por ella. Estas comunidades saltaron rápidamente las fronteras étnicas del judaísmo y tuvieron una orientación universalista y una gran capacidad de integración social: son heterogéneas socialmente –hay gentes de diferentes procedencias sociales– y mestizas culturalmente –hay judíos y griegos, bárbaros, escitas...–. No son comunidades monocolores, no son grupos cálidos pero cerrados. Son heterogéneos porque se abren a la sociedad. La dinámica universalista hacia afuera es inseparable de su capacidad inclusiva hacia adentro. Ésta es la gran novedad y la clave del éxito histórico de esta forma de cristianismo.

Esto llevó a la reformulación de la paz, que se aplica ahora a la Iglesia. La comunidad cristiana es lugar de encuentro, reconocimiento y convivencia de gentes que pertenecen a grupos diferentes y enfrentados en la sociedad. De hecho, la hostilidad del mundo pagano con los judíos fue creciendo a lo largo del siglo I. Por otra parte, los diversos grupos religiosos solían ser homogéneos cultural y socialmente. El carácter inclusivo de las comunidades cristianas era una auténtica novedad histórica. En la Iglesia se realiza y manifiesta una paz insólita, obra de Jesucristo. Esta paz, de la que la Iglesia es testimonio histórico, prefigura la nueva humanidad. Dos escritos[56] de la tradición paulina lo expresan bellísimamente: uno, los Hechos de los Apóstoles, de forma narrativa y para que lo entiendan los judeocristianos; el otro, la carta a los Efesios, de forma más teológica y dirigida a paganocristianos.

Hechos lo dice en el relato del acercamiento entre el pagano Cornelio y el judío Pedro. A ambos les impulsa el Espíritu de Dios a superar recelos y prejuicios ancestrales. La clave no está en que Pedro acabe bautizando a Cornelio y a su casa, sino en que él, judío, acepte entrar en la casa del pagano y compartir su mesa. De hecho, cuando Pedro regresa a Jerusalén los judeocristianos le piden cuentas diciendo: *"Has entrado en casa de incircuncisos y has comido con ellos"* (Hch 11,3). Pedro explica cómo ha sido el Espíritu el que le ha hecho comprender que

---

[56] En los capítulos siguientes ampliaré lo que ahora digo muy brevemente sobre los Hechos de los Apóstoles y la carta a los Efesios.

"Dios no hace acepción de personas, sino que en cualquier nación el que le teme y practica la justicia le es grato; (...) que Dios ha anunciado la Buena Noticia de la paz por medio de Jesucristo, que es Señor de todos" (Hch 10,35-36).

Esta comunidad cristiana en la que conviven paganos y judíos es la visibilización de la paz de Jesucristo.

La carta a los Efesios se lee con frecuencia desgraciadamente como un documento teológico muy elevado pero abstracto; sin embargo, sólo se entiende en toda su significatividad y riqueza a la luz de las circunstancias históricas que son su razón de ser. Va dirigida a comunidades paganocristianas y quiere subrayar la novedad teológica y social de la Iglesia cristiana:

"Jesucristo es nuestra paz. El que de los dos pueblos hizo uno, derribando el muro divisorio, la enemistad... Vino a anunciar la paz: paz a vosotros, que estabais lejos, y paz a los que estaban cerca... para crear en sí mismo, de los dos, un solo Hombre Nuevo, haciendo paz..." (Ef 2,14-18).

Y es muy interesante cómo Efesios sigue después definiendo a esta Iglesia, lugar de encuentro, convivencia y reconciliación, es decir, lugar de paz de los socialmente enfrentados, con la terminología doméstica:

"Familia de Dios, edificación que tiene a Cristo como piedra angular, templo del Señor, morada de Dios..." (Ef 2,19-22).

El mensaje en este momento no pretende configurar a un pueblo dado, sino tejer una red de estructuras domésticas cristianas que se vayan extendiendo. Pablo nunca habla de las relaciones de la Iglesia en su conjunto con el mundo, sino de cómo puede vivir en el mundo, en la sociedad pagana, cada uno de los cristianos. El paso de la *polis*/ciudad-estado a la *oikos*/casa en absoluto implica la simple reducción a lo privado. La ciudad se entendía a imagen de la casa y como una agrupación de casas, y el *oikodespotes*/*paterfamilias*, el señor de la casa, tenía una función pública reconocida. Lo que hacen estas comunidades cristianas es renunciar a configurar directamente el Estado y volcar sus preocupaciones en algo previo, en el ámbito de las relaciones sociales más básicas estructuralmente. Si se hubiese pasado de Palestina a Asia Menor, Grecia y Roma con la misma predicación inicial del Reinado de Dios se hubiese entrado en una confrontación total e imposible de asumir por el pequeño cristianismo naciente. Por eso se optó por una estrategia de penetración social que podríamos denominar desde abajo.

La naturaleza inclusiva de las comunidades cristianas, su capacidad de integrar a gentes distintas, su carácter heterogéneo socialmente y mestizo culturalmente, ejercieron una fuerte atracción social y están en el origen de la extensión del movimiento cristiano. La novedad histórica de la Iglesia era la paz de Jesucristo, que habla de un Dios que no hace distinción de personas y que es capaz de reconciliar en un mismo cuerpo a quienes estaban enfrentados; y de esta manera la Iglesia prefigura la nueva humanidad y se convierte en testimonio y germen de la paz social en plenitud.

Estas comunidades cristianas tienen conflictos externos, pero su misma heterogeneidad interna, que es su gran riqueza, se convierte también en fuente de conflictos internos, que aparecen por doquier en el NT. El ideal que predomina en el NT no es el de la paz como la unanimidad de grupos cerrados, autoritarios y monocolores. Es la paz de grupos que conocen muchos conflictos porque son participativos, abiertos a su sociedad, heterogéneos internamente. Por eso hay una preocupación que se reitera continuamente: mantener la paz en la comunidad. Está en juego la capacidad de la fe para crear un nuevo estilo de relaciones sociales; está en juego el que las comunidades cristianas prefiguren y testimonien una humanidad nueva.

Pablo habla mucho de "edificar la comunidad" (1 Cor 14), en el doble sentido de favorecer su unidad interna y su capacidad de extensión hacia afuera. Desde muy pronto (desde principios de los años cincuenta: *cf.* 1 Cor 5 y 6) existen procedimientos disciplinares, que involucran al conjunto de la comunidad, para solucionar los conflictos que surgen en su seno. A medida que el proceso de institucionalización avanza, tendrá más peso el principio de autoridad (1 y 2 Tm y Tit). Pero hay un principio básico que aparece en Pablo y en los evangelios, que podríamos denominar "principio del débil".

Aquí hay algo muy profundo y permanentemente válido. Se trata de afrontar los conflictos comunitarios de diferente naturaleza teniendo como punto de referencia las necesidades de quienes son más débiles por su situación social, por su cultura o por su fe. En la discusión sobre si se puede o no comer carne procedente de los sacrificios, la libertad de los fuertes, entre los que se encuentra sin duda Pablo, debe aceptar limitarse en función de la conciencia de los débiles (1 Cor 8-10; Rom 14-15,13). En la regulación de los carismas hay que rodear de especial honor en la Iglesia a los que parecen más insignificantes:

> *"Los miembros del cuerpo que tenemos por más débiles son indispensables. Y a los que nos parecen los más viles del cuerpo los rodeamos de mayor honor... Dios ha formado el cuerpo dando más honor a los miembros que carecían de él, para que no hubiera división alguna en el cuerpo..." (1 Cor 12,22-25).*

En las comidas comunitarias no se puede avergonzar de ninguna manera a los más pobres, a los que menos aportan (1 Cor 11,17-34). Jesús insiste en "el discurso eclesial" en que hay que rodear de un cuidado muy especial "a los más pequeños que creen en mí" (Mt 18). El "principio del débil" se fundamenta en la vida misma de Jesús —se podría decir que en la extraña y paradójica lógica de la encarnación— que "siendo rico se hizo pobre por vosotros para enriqueceros con su pobreza" (2 Cor 8,9); "que siendo de condición divina, no codició el ser igual a Dios, sino que se despojó de sí mismo tomando la condición de un esclavo...." (Fil 2,6-11).

Construir la paz en la Iglesia a partir del "principio del débil" no da recetas concretas, pero puede resultar enormemente sugerente también en nuestro tiempo, muy diferente al de Pablo y en el que, concretamente, la Iglesia no puede renunciar a colaborar, de formas muy diversas, a la transformación de las estructuras sociales: para que la preocupación por los más débiles, en todos los sentidos, sea la preocupación prioritaria; para ser su voz en una sociedad que no les escucha y en la que no cuentan; para acoger con misericordia a tantos que a veces son alejados con legalismos abstractos; para acercarnos a quienes no entienden un lenguaje arcaico y arcano;

para pensar más que en la oveja que está caliente en el redil, en las muchas más que están al margen y no conocen al pastor bueno...

Las comunidades paulinas fueron la visibilización de la paz social que la fe en Jesucristo es capaz de crear. También en esta tarea la Iglesia de nuestros días, sobre todo la que está en sociedades democráticas y laicas, puede aprender de aquellas comunidades que se encontraban en situación de diáspora en medio del inmenso imperio pagano. La Iglesia anuncia lo que vive. La misión en la Iglesia es inseparable de su comunión. Hay quienes preconizan hoy en día una Iglesia más radicalmente evangélica, que no se preocupe tanto de la transformación de la sociedad con el peligro de diluir su propia identidad, y que vuelque sus esfuerzos en ser "comunidad de contraste", que hace visible una forma alternativa de vivir y de convivir, que nace de lo más hondo de su experiencia de fe. Quienes así piensan están preocupados por la afirmación de la identidad cristiana y por evitar la reducción de la tarea de la Iglesia a un humanitarismo más, por útil que pueda parecer.

No seré yo quien niegue lo oportuno de la preocupación mencionada. Pero prefiero hablar, más que de "contraste", de "anuncio o prefiguración". No es lo mismo ponerse enfrente como simple contrarreplica que ir por delante en el mismo camino. La Iglesia debe aspirar a prefigurar con su vida interna (fraterna, transparente, modélica en la forma misma de dilucidar sus conflictos, en la manera de ejercer la autoridad...) el destino de toda la humanidad; y debe aspirar a enriquecer la imaginación social y la solera cultural de la sociedad. La Iglesia anuncia "una buena noticia que lo es para todo el pueblo" (Lc 2,10).

5

El extranjero en el cristianismo primitivo

Los monoteísmos de raíz bíblica están jugando en la actualidad un papel fundamental como mecanismos de exclusión en operaciones de confrontación y de limpieza étnica, pero también como mecanismos de solidaridad con los refugiados y de apertura a los extranjeros. Como ejemplo del primer caso podemos pensar en las diversas manifestaciones del fundamentalismo religioso, con una mención especial, por tratarse de versiones cristianas, a los sucesos de Bosnia. Del segundo caso hay también numerosos ejemplos, algunos bien cercanos, pero quizá el más significativo es el movimiento "Santuario" de los Estados Unidos, que, como su nombre indica, se inspira en las normas del Antiguo Testamento sobre el asilo y las ciudades refugio, que acoge a numerosos refugiados ilegales centroamericanos, les esconde en locales eclesiales, les ayuda a evitar ser detenidos y les proporciona todo tipo de asistencia.

Las posturas más xenófobas en la Europa de nuestros días no es raro que pretendan legitimarse en nombre de la defensa de la civilización cristiana. Pero también, con mucha frecuencia, son grupos cristianos los más activos para acoger a los refugiados o emigrantes que llegan a Europa desde el Este o desde el flanco sur del Mediterráneo. Actualmente en Europa, las religiosas son, con frecuencia, las motivaciones más hondas y exigentes tanto de los movimientos xenófobos como de sus contrarios, de las actitudes que propugnan la apertura al extranjero necesitado.

No sería difícil mostrar cómo ambas posibilidades nacen de la radical ambigüedad de la religión. En efecto, en la historia de las religiones encontramos momentos en que Dios vela por el extranjero desvalido, junto a otros momentos en que Dios exige la más dura separación de los extranjeros e, incluso, la violencia contra ellos. También en la historia del cristianismo encontramos ambos comportamientos, que, sin embargo, no pueden reivindicar la misma legitimidad. Es evidente que el cristianismo nació como un movimiento de integración social y de apertura hacia lo extranjero, haciendo saltar las barreras étnicas que salvaguardaban la identidad judía. Es lo que van a intentar mostrar estas páginas. En todo caso, el cristianismo primitivo, en un mundo cultural y socialmente muy heterogéneo, se vio radicalmente confrontado con el problema de acoger lo extranjero y de ser acogido como extranjero.

Jesús y los orígenes del universalismo cristiano[57]

Las normas de exclusión judías

Todo grupo social genera unas reglas de discriminación para salvaguardar su identidad y diferenciarse de los demás. Sobre todo el grupo guarda con especial celo sus fronteras, los lugares de contacto –físico o cultural– con los otros, con el mundo exterior, porque los contactos, que son inevitables, amenazan su identidad. Por eso, de la misma forma que se vigilan las puertas de la muralla o se ponen aduanas en la frontera, se establecen normas y surgen cautelas a la hora de relacionarse con los extraños.

Los sistemas de discriminación se pueden basar en la raza, en la cultura, en el honor, en la fuerza... En Israel regía el *sistema de pureza*, legitimado religiosamente y cuya profundidad

---

[57] M. J. Borg, *Conflict, Holiness and Politics in the Teaching of Jesus*, Nueva York 1984; M. Douglas, *Pureza y peligro: un análisis de los conceptos de contaminación y tabú*, Madrid 1979; íd., *Símbolos naturales*, Madrid 1978; B. J. Malina, *El mundo del Nuevo Testamento. Perspectivas desde la antropología cultural*, Estella 1995; J. Neusner, *The Idea of Purity in Ancient Judaism*, Leiden 1973; J. H. Neyrey, "The Idea of Purity in Mark's Gospel", *Semeia* nº 35, 1986, 81-128.

simbólica ponen de relieve estudios antropológicos contemporáneos. Necesariamente trazamos líneas en el ámbito informe de nuestra experiencia para clasificarla, ordenarla, hacerla inteligible y poder desenvolvernos. El sistema de pureza es un mapa socialmente compartido, que permite orientarnos clasificando los tiempos, los lugares, las personas y las actividades.

El sistema de pureza judío está legitimado religiosamente y tiene su paradigma en el relato sacerdotal de la creación de Génesis 1. Hay una serie ordenada de días, cada uno con su propia tarea divina. Se separan y se distinguen claramente la tierra del mar, las tinieblas de la luz y la noche del día. Hay animales claramente diferenciados en el cielo, en la tierra y en las aguas. El sistema de pureza introduce orden e inteligibilidad: cada cosa en su sitio y un sitio para cada cosa. Será impuro el animal que no encaja perfectamente en uno de los lugares de la clasificación establecida: el reptil anfibio, el pez sin escama, el ave carnívora o el homosexual (Lev 11).

Las normas de pureza regulan con especial minuciosidad las fronteras del individuo: los orificios del cuerpo (regulan lo que entra y lo que sale, lo que se ve, las relaciones sexuales) y su superficie (por eso las enfermedades de la piel, la "lepra" según la creencia del tiempo, son especialmente impuras). Pero la gran frontera de Israel, custodiada celosamente por las normas de pureza, está donde puede darse la relación con los más impuros, con los paganos. Por eso lo que se regula con más detenimiento y reiteración son las comidas (incluyendo todo el proceso alimentario desde la siembra y la siega, los alimentos que se pueden comer, las normas de mesa, con quién y cuándo comer, etc.) y los intercambios matrimoniales; es decir, el *convivum* y el *connubium*. De ahí la importancia de la normativa bíblica y mísnica (la del primer judaísmo posbíblico recopilada en la Misná) sobre estos dos ámbitos de experiencia. La identidad étnica de un pueblo exige medidas muy restrictivas para evitar la familiaridad de mesa con extraños (porque es expresión de la más íntima relación social) y la unión con otros pueblos a través de sus mujeres.

La firmeza con que se establecen en un grupo las normas de separación hacia afuera es proporcional a la firmeza con que se controla el cuerpo y la vida de sus propios miembros. Un grupo muy corporativo acentúa su separación de la sociedad, pero también la presión de sus vínculos internos. Un grupo que se separa tajantemente hacia afuera es también muy estricto en controlar la disidencia interna. Ésta es una consideración antropológica y sociológica plenamente verificable en nuestros días, pero también es válida para el judaísmo del siglo I. Pensemos no sólo en grupos particulares, como el esenio o el fariseo, sino en las comunidades judías de la diáspora o en el judaísmo de Palestina en general.

Las normas de exclusión responden a diversos mapas, que se encuentran descritos en la Misná.

En primer lugar, *el mapa de los lugares* (m. Kelim 1,6-9). Hay un lugar central, el más puro, el santo de los santos del templo de Jerusalén, que es considerado el centro del universo. A partir de este lugar, como en ondas concéntricas, la pureza disminuye a medida que aumenta la lejanía. Los territorios paganos son lo totalmente impuro,

El mapa de las personas era muy detallado, pero además diversos grupos judíos, como los esenios o los sacerdotes o los fariseos, hacían más añadidos, siempre de carácter restrictivo en función de las propias preocupaciones y prejuicios. No es cuestión de entrar ahora en esta casuística tan detallada, pero baste indicar que es un mapa que jerarquiza a las personas en función de su pureza.

La pureza equivalía a perfección y, dentro de los mismos judíos, son impuros los que tienen defectos corporales (cojos, ciegos, eunucos, etc.; *cf.* Lev 21,16-20; 2 Sam 5,8) o son de un origen familiar irregular. Esta gente, pese a ser judíos, tenían muy limitada su capacidad de participación en el culto del templo precisamente por su impureza. Pero las grandes marginadas eran las mujeres, por la enorme facilidad con que incurrían en impureza (m Kelim 1,3-5). Había, por fin, judíos que eran considerados impuros en razón de la profesión u oficio que desempeñaban: recaudadores de impuestos, curtidores, pastores, barberos, etc.

El mapa de los tiempos, el calendario, separaba los días y señalaba las fiestas. Una importancia especial tenía la observancia del sábado, uno de los más importantes signos de la identidad judía.

El mapa de los alimentos, como en general las normas de mesa, tenía una considerable importancia y ocupaba una gran extensión. Este tipo de reglas, y su importancia, aumentaba en la medida en que las normas de pureza, que tenían un origen sacerdotal y estaban centradas en el templo, se iban extendiendo a toda la vida cotidiana. Preocupaban a todos los judíos piadosos, pero de forma muy especial al grupo fariseo. Como ya se ha indicado, en última instancia lo que está en juego en estas normas es limitar la posibilidad de relacionarse con quienes no están sujetos a ellas y, de esta forma, preservar la identidad del pueblo judío.

Jesús y las normas de exclusión judías

¿Cómo es posible que el movimiento cristiano, nacido de la entraña de la fe judía, saltase pronto las limitaciones étnicas tan celosamente custodiadas por esta religión y por este pueblo? ¿Cómo pudo nacer en el judaísmo, y con voluntad de fidelidad al mismo, el cristianismo como religión universal?

Hay un acuerdo unánime entre los estudiosos en que el mandato universalista de Jesús resucitado ("haced discípulos de todas las gentes...", Mt 28,19) es una creación de la comunidad cristiana posterior. Históricamente, Jesús circunscribió su ministerio al pueblo de Israel. Su proyecto era que Israel viviese como pueblo de Dios efectivo y aceptase el Reinado de Dios sobre él con todas sus consecuencias.

Ahora bien, algo tuvo que haber en el ministerio de Jesús y en su proyecto que pudo dar pie a que el movimiento cristiano, en su nombre, se abriese a los paganos; no simplemente a que fuesen a los paganos como podían ir los misioneros judíos, que aspiraban a convertirles a Yahvé e incorporarles al pueblo judío, sino que aceptasen a los paganos en la comunidad cristiana sin someterles a las normas rituales judías ni a la circuncisión.

Jesús relativizó radicalmente las normas de pureza, es decir, las barreras que separaban al pueblo judío de los demás, lo cual hizo posible que más tarde –y tras un proceso contingente y sumamente conflictivo– algunos de sus discípulos diesen un paso ulterior, ciertamente espectacular, y admitiesen a los paganos. El profundo conflicto intrajudío –no antijudío– que Jesús desencadenó es paralelo al no menos profundo conflicto intrajudío desencadenado por sus discípulos poco después de su muerte. Ambos conflictos están íntimamente relacionados. El primero versaba sobre la separación puro-impuro, y el segundo, sobre la separación judíos-gentiles.

Vamos a ver brevemente cómo Jesús transgrede las normas de exclusión existentes en el judaísmo.

a) Mapa de los lugares

Disturba el sistema del templo, tenido por centro del cosmos y prototipo de toda santidad (Mc 11,15-16). La actitud negativa con el templo queda clarificada con la afirmación posterior de que el amor a Dios y al prójimo "vale más que todos los holocaustos y sacrificios" (12,33). Sus enemigos le acusan de que ha hablado contra el templo (14,58; 15,29), con lo que parece que está de acuerdo el mismo Marcos (13,2). Con esta actitud con el símbolo central del judaísmo, Jesús estaba poniendo radicalmente en cuestión todo el sistema social judío del siglo I.

b) Mapa de los tiempos

Jesús no respeta el sábado porque lo subordina a la persona humana: "El sábado ha sido creado para el hombre y no el hombre para el sábado" (2,27) Sobre todo, cuando está necesitado Jesús pone al ser humano "en el centro" (3,1-6; Lc 13,10-17; 14,1-6).

c) Mapa del cuerpo

No respeta el ritual de purificación antes de las comidas (Mc 7,2) ni el el de los alimentos puros e impuros (7,19).

d) Mapa de las personas

Las diversas normas de pureza siempre acaban marginando ideológica y socialmente a personas y grupos enteros. Jesús transgrede de forma ostensible estas normas. Toca a los impuros (Mc 1,41; 5,24-28.41). Come con pecadores (2,13-14; Lc 15,11-2). Hace incursiones en territorio pagano (5,1-20; 7,24-30). Gente de alguna forma impura, como los ciegos, cojos y sordos (*cf.* Lv 21,16-24), va continuamente donde él; en el templo está rodeado por cojos y ciegos, que tenían expresamente prohibida la entrada (Mt 21,14; *cf.* 2 Sam 5,8).

En el caso de Jesús, lo que estaba en juego era la incorporación al pueblo judío como "ciudadanos de pleno derechos", diríamos en nuestra terminología actual, de israelitas considerados impuros y, por tanto, marginados o excluidos. Jesús no hace teorías generales, pero con un lenguaje parabólico y al hilo de los acontecimientos destaca el valor de cada persona concreta a partir de su peculiar experiencia de Dios. Lo que afirma es que "también éstos son hijos de Abraham" (Lc 19,9). Estas palabras escandalizaban porque implicaban cuestionar la identidad judía. En realidad, en nombre del ser humano concreto Jesús relativizaba a Israel, lo que llevaba a relativizar la misma ley, con todo lo que esto significaba para la religión judía.

En este punto conviene recordar algo ya dicho con más extensión en el capítulo primero. La sociedad judía del siglo I estaba atravesada por una profunda crisis explicable por varios factores: la penetración de la cultura griega, el dominio político de los romanos, las enormes dificultades económicas en que se debatía la gente debido a la política de obras públicas de los herodianos, las tensiones que introducía en una cultura campesina tradicional el emergente proceso de urbanización... En estas circunstancias habían surgido diversos movimientos de renovación que, dada la naturaleza de aquella sociedad, tenían una expresión religiosa y eran de carácter exclusivista: se dirigían a una elite espiritual a la que separaban de la masa del pueblo, que se consideraba corrompida. La palabra "fariseos" quiere decir "separados". La minuciosa legislación de este grupo les separaba del resto de la gente y pretendía garantizar la pureza de los miembros de la secta. A los esenios esto les parecía poco y se separaban incluso físicamente, y se fueron al famoso monasterio de Qumrán, en el desierto de Judá. Entendían la renovación como reafirmación de la identidad judía y, por tanto, como reafirmación de las normas de separación, es decir, de las leyes de pureza.

Jesús promovió un movimiento intrajudío de renovación, pero con una característica muy especial: su carácter inclusivo, porque se dirigía a todo el pueblo; más aún, se acercaba de forma especial a personas y grupos mal vistos por la ideología/teología dominante y que estaban excluidos y marginados. Este movimiento se expresa, por supuesto, religiosamente, pero en vez de legitimar el Estado del templo lo cuestiona de raíz. Se puede decir sin exageración que Jesús promovió un verdadero movimiento contracultural, que preconizaba comportamientos, en buena medida, alternativos a los hegemónicos y que fue visto como un peligro por las elites judías y romanas.

Poco después de la muerte de Jesús, muy pronto, vamos a encontrarnos con un grupo de discípulos suyos insólito, porque siendo judíos acogen en su seno a los más impuros y extranjeros, a los gentiles, sin obligarles a someterse a las señas de identidad judía, lo que va a producir un movimiento singularmente inclusivo.

El cristianismo como religión universal e inclusiva

El cristianismo primitivo (probablemente sería mejor decir "los cristianismos primitivos") es una realidad sumamente plural y conflictiva, como corresponde a un movimiento muy creativo, entusiasta y poco institucionalizado. El concepto de ortodoxia no es un dato primero, sino el resultado de un proceso en el que una determinada línea acabó prevaleciendo tras muchas tensiones y discernimientos. Existieron, por ejemplo, grupos judeocristianos exclusivistas que nunca se incorporaron a la gran Iglesia, que aún duraban en tiempo de Mahoma, con los que estuvo en contacto y ejercieron una notable

influencia sobre él. Pero lo cierto es que el cristianismo hegemónico, el que se impuso y configuró decisivamente la historia posterior, saltó las fronteras étnicas del pueblo judío y fue
abiertamente universalista.

La historia es siempre contingente y no se explica como el
desarrollo necesario de una idea. El proyecto de Jesús ofrecía
la posibilidad de la apertura universalista del cristianismo posterior, pero ésta sólo se explica tras una historia sumamente
conflictiva, en la que prevaleció el desarrollo de esta determinada virtualidad entre las muchas que al principio se presen-
taban. No es posible entrar ahora en los detalles de esta historia. El Nuevo Testamento refleja las grandes tensiones entre
los sectores cristianos aferrados al particularismo judío y los que
propugnaban la apertura universal. El llamado Concilio de Jerusalén (Hch 15 y Gal 2,1-10) fue una solución de compromiso entre la Iglesia judeocristiana de Jerusalén y el pagano-
cristianismo de Pablo. En realidad, la iniciativa de aceptar en la
comunidad cristiana a gentiles correspondió a los judeohe-
lenistas cristianos que llegaron a la ciudad de Antioquía de Siria
(Hch 11,20). En un momento posterior se incorporó a este movimiento Pablo, que iba a ser su figura más destacada y, como es
sabido, el tematizador del universalismo cristiano en sus cartas.

Parece claro que el mencionado universalismo cristiano responde a necesidades sociales del tiempo y se apoya en indudables factores sociales. La *oikumene* greco-romana suponía una
indiscutible unificación del mundo centrado en el Mediterráneo; el proceso de urbanización en auge implicaba la penetración de la helenización y cierta homogeneización cultural; la religión romana oficial se resquebrajaba como ideología del Imperio; la red de comunicaciones era espléndida, y los intercambios y viajes, numerosísimos por las riberas del Mediterráneo.

El cristianismo universalista de Pablo era una religión a la
"altura de los tiempos". No voy a desarrollar esta idea más que
en función de lo que ahora nos interesa[58]. Este apóstol es un

---

[58] Puede verse en el capítulo 3 cómo se sitúan estas ideas en el conjunto de la obra
de Pablo.

genial y audaz estratega pastoral, que transformó radicalmente la función social del movimiento palestino de Jesús para inculturarlo en el mundo greco-romano (probablemente, la única inculturación "lograda" del cristianismo en su historia hasta ahora). Sin embargo, su proyecto misionero y su teología se pueden entender como desarrollos fieles de la inspiración más profunda del mencionado movimiento de Jesús, lo que explica que –con dificultades, ciertamente– consiguiese el acuerdo de los discípulos de la primera hora para su proyecto (entre ellos estaban Pedro y Santiago, el hermano del Señor, conocido por su fidelidad estricta al judaísmo).

El proyecto de Pablo es universalista en el sentido doble y vinculado de llegar hasta los confines del mundo conocido y de abarcar a toda clase de personas. No hay distinción entre judíos y gentiles, repite una y mil veces. La religión étnica ha llegado a su fin. El carácter universalista del proyecto de Pablo es lo que explica que el centro de su teología consistiese en afirmar que la salvación no viene por la ley, sino por la fe en Jesucristo. Es lo que en el argot teológico, muy condicionado por las controversias de la Reforma, se suele llamar "la justificación por la fe sin las obras de la ley". Es la forma de decir que ya los judíos no tienen ninguna ventaja religiosa, porque respecto al Dios revelado en Jesucristo todos los seres humanos están en la misma situación. Éste fue el caballo de batalla de Pablo, en el que nunca cedió, porque lo que estaba en juego era la universalidad del cristianismo. Más teológicamente diríamos que estaba en juego la presentación de Dios como Padre de todos, como amor gratuito y no vinculado a una ley particular; es decir, un Dios acogedor y hospitalario ante el que nadie es extraño y forastero (Ef 2,11-22).

Este universalismo tematizado por Pablo tiene otro aspecto, con frecuencia no suficientemente valorado. El apóstol relativiza todas las pertenencias sociales y declara que en cualquier situación o condición de vida se puede ser cristiano. Como ha dicho R. Penna[59], el de Pablo es "un cristianismo

---

[59] *Un cristianismo posible. Pablo de Tarso*, Madrid 1993.

posible" y realista. No se exige ni romper con la familia, ni cambiar de profesión, ni renegar de la patria.

> *"Que cada cual viva conforme le ha asignado el Señor, cada cual como le ha llamado Dios... ¿Que fue uno llamado siendo circunciso? No rehaga su prepucio. ¿Que fue llamado siendo incircunciso? No se circuncide... Que permanezca cada cual tal como le halló la llamada de Dios. ¿Eras esclavo cuando fuiste llamado? No te preocupes... igualmente el que era libre cuando recibió la llamada es un esclavo de Cristo... Hermanos, permanezca cada cual ante Dios en el estado en que fue llamado" (1 Cor 7,17-24).*

De esta manera, el cristianismo paulino resulta una religión al alcance de todos (lo que no quiere decir que no sea moralmente exigente), de vocación popular y no elitista, y genera comunidades inclusivas y heterogéneas. Es el tipo de cristianismo adecuado para sustentar un proyecto universalista. Aquí reside una de las particularidades más notables del cristianismo paulino y también, como es fácil de comprender, una de las fuentes de sus numerosos conflictos.

Esta intención profunda del proyecto paulino, descrita con excesiva rapidez, sale a la luz constantemente en las cartas, pero me interesa destacar unos textos llenos de entusiasmo, probablemente restos de himnos bautismales prepaulinos, en los que se pone de manifiesto la honda experiencia religiosa de Pablo y de los cristianos de sus comunidades.

> *"Todos los bautizados en Cristo os habéis revestido de Cristo: ya no hay judío ni griego; ni esclavo ni libre, ni hombre y mujer, ya que todos vosotros sois uno en Cristo Jesús" (Gal 3,27-28).*

En este texto vemos que el rito de iniciación, el bautismo, incorpora a Cristo y hace miembro de una comunidad en la que no cuentan las diferencias étnicas, ni las sociales, ni las sexuales. Esta proclama tan entusiasta tenía unas repercusiones prácticas y directas en la vida interna de la comunidad, pero no se traducía, al menos inmediatamente, en exigencias de transformación social.

En la primera carta a los Corintios y en Colosenses (ésta última probablemente una carta proveniente del círculo paulino y no del apóstol mismo), resuenan los ecos del himno de Gálatas, pero con una notable modificación.

"En un solo Espíritu hemos sido todos bautizados para no formar más que un cuerpo, judíos y griegos, esclavos y libres" (1 Cor 12,13).

"Revestíos del hombre nuevo... donde no hay griego y judío, circuncisión e incircuncisión; bárbaro, escita, esclavo, libre, sino que Cristo es todo en todos" (Col 3,10-11).

Llama la atención que ha desaparecido la expresión "ni hombre y mujer" de Gálatas, probablemente porque en las comunidades paulinas, y en virtud de los mismos principios teológicos en ellas vigentes, se había disparado un protagonismo de la mujer que provocaba conflictos y, sobre todo, creaba grandes dificultades con la sociedad patriarcal del entorno. Diríamos que en esto Pablo cede. Pero lo que repite siempre es la abolición de las fronteras étnicas y de las diferencias sociales. Con la particularidad de que desarrolla las implicaciones prácticas hasta sus últimas consecuencias en la abolición de las fronteras étnicas. Como he dicho, en esto Pablo no cedió, pese a los conflictos que le supuso, entre los que hay que contar probablemente la incomprensión de, al menos, buena parte de la Iglesia madre de Jerusalén cuando visitó esta ciudad por última vez (en la carta a los Romanos les pide oraciones para que en su inminente viaje a Jerusalén "sea bien recibido por los santos": 15,31. Se ve que no las tenía todas consigo y, efectivamente, parece que el encuentro no fue idílico: Hch 21,17-29).

En Rom 1,14 da un paso más:

"Me debo a los griegos y a los bárbaros... de ahí mi ansia por llevaros el Evangelio también a vosotros, habitantes de Roma".

Aquí no utiliza las categorías de diferenciación histórico-salvíficas entre judíos y gentiles, sino que emplea las categorías usuales en las elites greco-romanas, según las cuales se clasifica y discrimina a los pueblos y a los individuos por su clase de cultura. Cuando se dirige a la cosmopolita Roma, Pablo deja claro que no excluye en su proyecto ni a quienes se integran cómodamente en la cultura greco-romana ni a quienes proceden de pueblos lejanos y extraños y no son capaces ni siquiera de entender la lengua del Imperio (éste es el sentido originario de la palabra "bárbaro").

Las comunidades cristianas primitivas eran heterogéneas étnicamente, con lo que se separaban del judaísmo, pero también lo eran socialmente, lo que suponía una novedad histórica, como admiten, de forma general, los estudiosos actualmente. Hoy está arrumbada la idea un poco romántica de que el primitivo cristianismo era una religión de esclavos y parias sociales. Las asociaciones voluntarias de la antigüedad, que se denominaban *collegia/etairai,* se caracterizaban por su homogeneidad social. En cambio, las comunidades cristianas (que muy pronto aparecieron como *collegia/etairai* a los ojos del Imperio) eran inclusivas y mostraban una singular capacidad de integración social.

El famoso texto de Ef 2,11-22 refleja magníficamente el carácter integrador de la comunidad cristiana y su originalidad histórica[60]. Ciertamente, el Imperio romano consiguió un largo período de estabilidad y orden externo, que ha sido conocido como *pax romana*. El pueblo judío fue el único que no aceptó someterse a este orden imperial, de modo que la mencionada *pax* sólo fue alterada por las tres guerras judías (habría que mencionar también los disturbios del año 64, a la muerte de Nerón). Es decir, el cristianismo nace en medio de la tensión étnica tradicional entre judíos y paganos, pero también en medio de la candente tensión entre los judíos y el Imperio romano.

Tanto la nación judía como los romanos se creían con la misión de realizar la paz, pero tenían concepciones muy diferentes de ella y de los caminos que a ella conducían. Los romanos querían implantar la paz (*pax romana*) por la expansión de su Imperio y su poder. Los judíos tenían la esperanza de una paz mesiánica (*shalom*) en el futuro. Las guerras judías

---

[60] Sobre este texto hablo en el capítulo anterior, donde subrayo que supone un cambio de perspectiva en el tema de la paz respecto al anuncio de Jesús. De Lc 10,5-6 a Ef 2,11-22 está el paso de una religión política una religión doméstica (ni privada ni individualista, insisto una vez más).

fueron, en buena medida, consecuencia de este conflicto entre dos interpretaciones de la paz[61].

Bajo este telón de fondo hay que entender la afirmación de Ef 2,14 de que "Cristo es nuestra paz". Lo dice una comunidad cristiana que es un grupo judío al que se adhieren paganos. ¿Qué significa? Cristo es la paz porque derriba el muro que separaba a pueblos inveteradamente enfrentados. La carta continúa utilizando las imágenes de la nueva *ciudad* y, sobre todo, de la nueva *casa*, hospitalarias y abiertas, sin privilegiados ni extranjeros. Está hablando de la naturaleza, insólita en aquel tiempo, de las comunidades cristianas que han hecho la experiencia de un poder de integración en su vida comunitaria, uniendo en su seno a grupos humanos enfrentados en la sociedad.

Es obvio que el universalismo y el carácter integrador e inclusivo de las comunidades se implican mutuamente, pero también están en tensión. En efecto, la heterogeneidad social de las comunidades es una fuente de dinamismo y, a la vez, de conflictos, a los que no podemos sino aludir muy brevemente en este lugar, y de los cuales quizá los más conocidos son los de la comunidad de Corinto, donde sabemos que existían grupos enfrentados (1 Cor 1,10-16; 11,17-34).

Veamos un problema que agitó las aguas de la comunidades de Corinto (1 Cor 8-10) y de Roma (Rom 14,1-15,13), aunque se planteó con sensibles diferencias en ambas iglesias. La cuestión era si se podía comer la carne que provenía de los sacrificios en los templos paganos. Era un problema candente y de grandes repercusiones prácticas. Esta carne se vendía en el mercado, un invitado se la encontraba en cualquier casa y, sobre todo, podía comerse en los salones existentes al efecto en los templos. Estas últimas comidas eran, en buena medida, simples ceremonias civiles que, para gente de cierta ilustración, no implicaban ya connotaciones religiosas y que constituían la única ocasión de comer carne para la mayoría del pueblo. Lo

---

[61] G.Theissen, "Pax Romana et Pax Christi. Le Christianisme Primitive el l'idée de paix", *RThPh* 124 (1992), 61-84.

que se ventilaba en esta cuestión era la relación que los cristianos podían adoptar con su sociedad. Los cristianos de cierto nivel social y acostumbrados a relaciones fluidas con sus conciudadanos paganos era obvio que no podían tener dificultad ante la carne procedente de los sacrificios.

Vemos que la comunidad de Corinto se divide entre los "fuertes", que piensan que se puede comer de todo sin problemas, y los "débiles", que consideran pecado comer la carne procedente de los sacrificios. Los "fuertes" y los "débiles" se diferencian por su nivel cultural, lo que implica una diferencia social, y mantienen relaciones diversas con su ambiente pagano.

¿Cuál es la actitud de Pablo? En principio se identifica con los "fuertes" porque sabe que "el ídolo no es nada en el mundo y no hay más que un único Dios"; por tanto, aconseja: "Comed de todo lo que se vende en el mercado sin problemas de conciencia y, cuando seáis invitados, comed todo lo que os presenten sin plantearos cuestiones de conciencia". Pero si esa libertad provoca escándalo en el hermano débil se impone renunciar a ella: "Que vuestra libertad no sirva de tropiezo a los débiles".

Para Pablo, en este caso, el valor primero que hay que salvar es la heterogeneidad e inclusividad de su comunidad, que es algo más que su simple unidad. Hay una tensión entre la apertura de la comunidad al mundo pagano y el mantenimiento de su compleja comunión interna. La comunidad cristiana, según el apóstol, de ninguna forma puede ser una secta, con relaciones internas muy afectivas, pero cerrada en sí misma; incluso cuando regula las reuniones cultuales le importa mucho lo que puedan pensar "los de afuera" (1 Cor 14, 23-24), que ven o asisten a ellas.

Para Pablo, era esencial que la comunidad cristiana mantuviese su capacidad de acoger lo distinto, aceptando y relativizando las diferencias étnicas y sociales, porque esa naturaleza integradora es la prefiguración de la humanidad nueva que Cristo posibilitó y el apóstol anunciaba (Ef 2,15). Entender la Iglesia como comunidad fraterna y, al mismo tiempo, como sistema abierto –es lo propio de Pablo, en mi opinión– es muy creativo, pero necesariamente inestable, como demuestra la historia posterior. Pero éste es un tema que desborda ya las posibilidades del presente trabajo.

La hospitalidad

El Nuevo Testamento y su mundo

Entre estas comunidades que entendían la universalidad como apertura étnica, cultural y social necesariamente se establecía una red interna de intercambios, de modo que la hospitalidad se convertía en una virtud básica[62].

En las secciones parenéticas del NT se recomienda frecuentemente la hospitalidad (*filoxenia,* que es exactamente lo contrario de la xenofobia). En Rom 12,13 y en Heb 13,2 la *filoxenia* es expresión del amor a los hermanos (*filadelfia; cf.* 1 Clem 10,7; 11,11; 12,1). Todos los cristianos deben ser hospitalarios (*filoxenos:* 1 Pd 4,9), especialmente los responsables de la comunidad (1 Tim 3,2; Tit 1,8).

La virtud de la hospitalidad era muy estimada en el mundo griego. *La Odisea* ha sido considerada como un tratado de la ley de la hospitalidad o, en otras palabras, de cómo tratar a los extranjeros. El *xeinos*/forastero aparece relacionado con el pobre, con el suplicante, con el náufrago y con el vagabundo. Existe una relación especial entre el forastero y Zeus[63].

– Los hombres justos y temerosos de los dioses son hospitalarios (*Odisea* 8,576; 6,120).

– Los huéspedes y forasteros son de Zeus (*Odisea* 14,57-58; 6,2207-208).

---

[62] J. Koenig, *New Testament Hospitality,* Philadelphia 1985; A. J. Malherbe, *Social Aspects of Early Christianity,* Philadelphia 1983; B. J. Malina, "The received View and what it cannot do: III John and Hospitality", *Semeia* nº 35, 1986, 171-194.

[63] H. L. Levy, "The Odissean suitors and the host-guest relationship", *Transactions and Proccedings of the American Philological Society* (1973); A. Marcos Pérez, "El concepto *xeinos* en Homero y el Nuevo Testamento", en *IV Simposio Bíblico Español. I. Biblia y Culturas,* Valencia-Granada 1993, 293-300.

– Zeus es *xeinos*, es decir, protector y garante de los huéspedes (*Odisea* 9,270; 14,283-284; 14,389).

A veces, la divinidad se presenta bajo la apariencia de un huésped (*Odisea* 17,485-487). Éste es un elemento muy importante que también se encuentra en otras literaturas. Abraham, en la bellísima escena de Génesis 18, al hospedar en Mambré a tres peregrinos que pasaban cerca de su tienda, estaba acogiendo sin saberlo al mensajero divino. A esta escena se refiere la carta a los Hebreos cuando dice:

> *"No os olvidéis de la hospitalidad; gracias a ella hospedaron algunos, sin saberlo, a ángeles" (13,2).*

La tradición cristiana posterior identificó a los tres peregrinos de Gn 18 con la Trinidad, que viene a hospedarse entre los hijos de los hombres. ¿Cómo no recordar el maravilloso y conocido icono de Rublyav, titulado *La Trinidad*, que reinterpreta en esta clave la escena de Mambré?

La creencia de que la divinidad podía hacerse presente bajo la figura de un forastero había dado pie a una fiesta llamada *Teoxenia*. Es probable que esta creencia lata detrás de algunos textos del Nuevo Testamento, como Hch 14,11; Mt 25,31-46; Lc 24,13-32; Jn 20,11-18; Ap 3,20.

¿Por qué se confirió este valor sacro a la hospitalidad en el mundo greco-romano? No es fácilmente explicable a primera vista, porque el extranjero representa lo "otro" y "distinto", lo que pone en peligro el sistema cultural y social, que normalmente la divinidad legitima. Una explicación frecuente es que en una sociedad con mucha movilidad por causa de negocios, de necesidades económicas, de peregrinaciones, etc., era necesario, a falta de una legislación adecuada, prestigiar la hospitalidad con el favor de los dioses.

Pero esta explicación parece insuficiente y es necesario recurrir a consideraciones antropológicas más profundas. El extranjero es lo "extra-ordinario", que irrumpe en nuestro mundo como una amenaza desidentificadora, pero también como algo desconocido y misterioso. Por eso es posible ponerle en relación con lo divino y puede ser mensajero de los dioses. Lo dice muy acertadamente un gran estudioso de la antropología mediterránea, J. Pitt Rivers, con las siguientes palabras:

> *"El carácter sagrado de la hospitalidad y el honor que confiere no derivan de consecuencia funcional alguna de la creencia, sino de que el encuentro con el forastero era una confrontación entre el mundo conocido y los dominios del misterio. El forastero pertenece al mundo "extraordinario", y el misterio que lo rodea lo une a lo sagrado y lo convierte en un vehículo idóneo para la aparición del dios, la revelación de un misterio"*[64].

Apunte sobre la hospitalidad en el Antiguo Testamento[65]

Estas consideraciones antropológicas resultan muy iluminadoras para leer el Antiguo Testamento. En estos textos orientales, procedentes de una tierra de paso y de un pueblo que conoció múltiples desplazamientos y que, además, conservó numerosas tradiciones nómadas, la hospitalidad tiene una gran importancia.

En el Antiguo Testamento hay varios relatos de hospitalidad, en los que se encuentran unos mismos elementos. Los textos son los siguientes:

- Gn 18,1-16: Hospitalidad de Abraham.
- Gn 19,1-14: Hospitalidad de Lot.
- Gn 24,1-67: Hospitalidad de Rebeca.
- Jos 2,1-24: Hospitalidad de Rajab.
- Jc 4,17-22: Hospitalidad de Yael.
- Jc 6,11-24: Hospitalidad de Gedeón.
- Jc 13,1-25: Hospitalidad de Manóaj.
- Jc 19,1-10: Hospitalidad de una concubina.
- Jc 19,11-30: Hospitalidad de Guibeá.
- 1 Re 17,7-16: Hospitalidad de una viuda.
- 2 Re 4,8-17: Hospitalidad de una Sunamita.
- Tob 7,1-17: Hospitalidad de Ragüel.

---

[64] *Antropología del honor o política de los sexos*, Barcelona 1979, 155.

[65] I. M. Fornari-Carbonell, *La escucha del huésped (Lc 10,38-42). La hospitalidad en el horizonte de la comunicación*, Estella 1995.

El examen comparativo de estos textos permite establecer un esquema narrativo típico y característico de los episodios de hospitalidad bíblico-veterotestamentaria (I. M. Fornari). Sus elementos son los siguientes:

1. Venida del huésped.
2. Acogida del huésped.
3. Servicio del huésped.
4. Palabras del huésped.
5. Escucha y acogida de las palabras del huésped.
6. Despedida del huésped.

No es difícil mostrar la verificación de este esquema en todos los textos citados. Por razones de espacio, me voy a fijar sólo en el texto de Génesis 18, porque Abraham es el prototipo de la hospitalidad en toda la tradición bíblica y judía.

1. Los *visitantes* sorprenden a Abraham, que está a la puerta de su tienda (Gn 18,1-2a).

Analizando todos los textos, se ve que es frecuente que el huésped sea enviado de Dios: es el caso de los huéspedes-ángeles. En los pasajes de Gn 18, Gn 19 y Jc 13, tiene apariencia humana y antropomórfica. Ni Abraham ni Lot perciben la identidad divina del huésped. En otros textos, el ángel es el mismo Yahvé, que se autorrevela en forma humana.

En otros casos, el huésped es un enviado que viaja por fidelidad a Dios, como el siervo de Abraham y de Tobías (Ex 24; Tob 7,1) o como los espías exploradores (Jos 2,1).

En la tradición judía posterior, para resaltar el valor de la hospitalidad se dice que acoger al prójimo es acoger a la *Shekina*, la presencia divina:

"Todo aquel que acoge a su compañero es como si acogiese la Shekina" (Mekh Y.).

"Es mayor acoger a los viajeros que recibir la divina presencia" (B Shebu 35b).

"Cuando existía el templo se usaba el altar de expiación, pero ahora, desde que ya no hay templo para la expiación, se usa la mesa de uno" (B Menaj 97a).

2. Abraham *acoge* de forma muy respetuosa, pero encarecida, a los huéspedes (18,2b-5).

3. La acogida se expresa como *servicio a los huéspedes* (18,6-8). El relato es muy dinámico y describe la solicitud y la generosidad de Abraham. Se relatan con precisión las cinco leyes de la tienda: puerta abierta, lavar los pies, alojar, dar de comer y ayudar para proseguir.

4. A través de *las palabras del huésped* se pone de manifiesto su identidad y se revela un mensaje (18,9-10a.13-15). Comunica la promesa que se había hecho a Abraham en el capítulo 17.

En todos los textos el huésped es portador de algún mensaje y, por lo general, en su acción y en sus palabras emerge la realidad de la Palabra de Dios.

5. El punto cumbre del relato se dirige a la reacción de Sara, a su *actitud de escucha y de acogida de las palabras del huésped* (18,10b-12.15a).

El eje de la narración está constituido por la acogida, que desplaza su atención de la acogida material del huésped a la acogida de sus palabras al final.

6. El relato concluye con la *despedida* de los huéspedes.

Como se ha dicho anteriormente, Abraham es el prototipo de la hospitalidad en toda la tradición judía y también en la cristiana, como se ve en Heb 13,2. Según la tradición judía, esta hospitalidad se expresa, ante todo, en la acogida a los pobres e indigentes y en la acogida a los sabios en la ley.

"Que los pobres sean familiares en tu casa" (Abot 1,5).

> *"¿Acaso no es eso repartir tu pan con el hambriento y que albergues en casa a los pobres vagabundos? (Is 58,7).*

Otra interpretación de pobres vagabundos son los sabios y sus discípulos que enseñan a Israel la diferencia entre lo puro e impuro, entre lo que está prohibido y lo que está permitido.

> *"El tanaita R. Eliezer b. Jacob decía: El que recibe a un discípulo de los sabios en su casa y le permite disfrutar de sus bienes, esto le es tenido en cuenta por la Escritura como si hubiera ofrecido el sacrificio diario"* (B Ber 10b).

Respecto a los pobres, la hospitalidad es concreción del amor y servicio al prójimo. Respecto a los sabios, la hospitalidad, sin omitir el servicio, es apertura a la Palabra de Dios y a la Tradición, de la que son portadores. En ambos casos, la venida del huésped se relaciona con la venida de Dios.

Este tema de la tradición veterotestamentaria y judía se prolonga en la neotestamentaria y cristiana, donde recibe una reinterpretación especialmente profunda a la luz de la cristología y de las exigencias universalistas.

Hay un elemento que debe ser subrayado antes de terminar este parágrafo. Acoger al forastero no es sólo ayudarle y servirle materialmente, sino que implica la convicción de que tiene algo importante que decirnos, que debemos escuchar y acoger sus palabras. A través de unos textos de intención teológica se nos está presentando una profunda antropología del encuentro con el radicalmente otro. El extranjero, el forastero, el que no es de los nuestros, tiene algo muy importante que descubrirnos. La hospitalidad es abrir las puertas de nuestra casa, pero, sobre todo, las de nuestra cultura y nuestro corazón. Tenemos algo decisivo –divino– que aprender del más extraño y necesitado que llama a nuestra puerta.

La hospitalidad en los evangelios

a) Una modalidad de hospitalidad que aparece en los evangelios es la debida a los misioneros cristianos: quien les acoge acoge al mismo Cristo. El pasaje más explícito es Mt 10,40-42 (*cf.* Mc 9,37.41; Lc 9,48; 10,16; Jn 13,20). En este texto se enuncia primero un principio general:

> *"Quien a vosotros recibe, a mí me recibe, y quien me recibe a mí, recibe a Aquel que me ha enviado" (v. 40).*

El versículo siguiente, el 41, aplica el principio a la acogida a los profetas itinerantes del cristianismo primitivo y a ciertos miembros destacados de la comunidad. Probablemente, el versículo 42 se añadió en un momento posterior para dejar claro que esta acogida es debida a todos los cristianos, incluso a los que menos cuentan:

> *"Todo aquel que dé de beber tan* solo *un vaso de agua fresca a uno de estos pequeños, por ser discípulo, os aseguro que no perderá su recompensa" (v. 42).*

Detrás de estos textos está el conocido dicho del judaísmo según el cual "el enviado es como quien le envía". Esta forma de hospitalidad se limita a los enviados de la comunidad cristiana.

b) En otros textos encontramos más explícitamente los efectos que la hospitalidad produce en quienes acogen a los enviados a anunciar el Reinado de Dios.

En el llamado discurso del envío en misión, al que subyacen probablemente dos tradiciones diferentes, Jesús exhorta a sus discípulos a que no lleven absolutamente nada: "No toméis nada para el camino, ni bastón, ni alforja, ni pan, ni dinero, ni tengáis dos túnicas" (Lc 9,3; Mt 10,9-10; Mc 6,8-9). Esta pobreza radical de los misioneros itinerantes y desinstalados es comparada en la actualidad con la actitud de los filósofos cínicos del tiempo, pero se observa una diferencia interesante: los enviados evangélicos no deben llevar tampoco alforja, es decir, no almacenan nada y no viven de limosna.

¿Entonces, cómo se las arreglan? Los enviados de Jesús viven de la hospitalidad que reciben. "Cuando entréis en una casa, quedaos en ella hasta marchar de allí" (Mc 6,10); "en la casa en que entréis, decid primero: Paz a esta casa... En la ciudad en que entréis y os reciban, comed lo que os pongan... y decidles: El Reinado de Dios está cerca de vosotros" (Lc 10,5-10).

Los enviados de Jesús no piden limosna, sino que provocan la hospitalidad y, cuando alguien les abre su casa, entonces el Reinado de Dios llega a esa casa. Y es que abrir la casa al extraño, compartir la mesa y escuchar su palabra es el mejor símbolo de esa inversión radical de valores que Jesús llama el Reinado de Dios.

c) El relato con que termina el último de los cinco discursos que jalonan el evangelio de Mateo (25,31-46) tiene una particular importancia para nuestro tema. Se trata de un pasaje de especial solemnidad. Es una descripción del juicio final en la que, al principio, Jesús, presentado como el Hijo del Hombre en su trono de gloria y rodeado de todos sus ángeles, convoca a todos las naciones.

Llaman la atención dos detalles literarios de este texto. El primero es la reiteración y minuciosidad con que se describen las acciones que han realizado los justos y omitido los injustos:

"Porque tuve hambre y me disteis de comer; tuve sed y me disteis de beber; era forastero (xenos) *y me acogisteis; estaba desnudo y me vestisteis; enfermo y me visitasteis; en la cárcel y vinisteis a verme"* (v. 35).

La lista de estas obras de misericordia se repite cuatro veces (37-38.42-43.44). Las tres primeras, a cada necesidad le sigue el verbo concreto que la alivia (comer, beber, acoger...). En cambio, la cuarta vez (v. 44) se repiten todas las necesidades, pero la acción que las socorre se expresa con un solo verbo, que resume a todos los anteriores: servir (*diakoneô*: v. 41).

El segundo detalle literario es la indudable importancia de las frases de los versículos 40 y 45, que vienen introducidos por la solemne expresión "en verdad os digo":

"Cuanto hicisteis a uno de estos mis hermanos más pequeños, a mí me lo hicisteis" (v. 40).

"Cuanto no hicisteis a uno de estos más pequeños, a mí no me lo hicisteis" (v. 45).

Entre las obras decisivas a la hora del juicio se encuentra "acoger al extranjero (*xenos*)". Curiosamente, en el judaísmo son frecuentes las menciones a obras de misericordia semejantes a las de Mateo, pero la que apenas aparece es la relacionada con los extranjeros[66].

Ante las palabras del rey (Hijo del Hombre), tanto los justos como los injustos se sorprenden: "¿Cuándo te vimos hambriento...?". Unos han socorrido a los necesitados sin caer en la cuenta que quien les salía al encuentro era Cristo; los otros, que no lo han hecho, les hubieran socorrido si llegan a saberlo. El vínculo entre los necesitados y Jesucristo es íntimo y misterioso.

Siempre ha dicho la teología católica que el hombre no puede estar seguro de si tiene fe o de cuál es la relación real que mantiene con Dios (no con la idea o imagen de Dios, sino con su realidad). ¿Más allá de todas nuestras verbalizaciones, nos relacionamos de verdad con Dios o con una imagen mental que de Él nos hacemos pero que sigue estando dentro de nosotros, de modo que la vida religiosa pudiera no ser más que una mera relación con nosotros mismos? El ser humano tiene una capacidad inmensa de autoengaño y de crearse ilusiones interesadas. Según el Evangelio, es en la relación con los últimos y más necesitados, con los hambrientos y desplazados, con los enfermos y marginados, donde se pone de manifiesto qué tipo de relación real mantenemos con el misterio del Ser Absoluto y del Amor Infinito.

La sorpresa de unos y otros en el juicio de Mt 25 se vuelve a encontrar en el mismo evangelista en 7,21-23. En este texto vemos gente muy carismática y presuntamente creyente ("profetizamos en tu nombre, y en tu nombre expulsamos demonios, y en tu nombre hicimos muchos milagros": v. 22), pero que, en realidad, y contra su "buena conciencia", no conocían a Dios porque no practicaban la justicia (v. 23).

Es muy notable que en muchos lugares en los que el texto hebreo del Antiguo Testamento vela por que se ayude al extranjero (*ger*), la traducción griega interpretaba de un modo restrictivo y decía *proselûtos* (Lev 19,33; Dt 14,29): ya no se

---

[66] Strack-Billerbeck, tomo IV, parte I, excurso titulado "Die altjüdischen Liebeswerke".

trata del extranjero/extraño, sino del extranjero que vive entre los judíos pero se ha convertido al judaísmo.

El evangelio de Mateo, procedente de una comunidad muy judía, sin embargo, no dice *proselûtos*, sino *xenos*. Una preocupación de este evangelio es lograr que su comunidad judeocristiana se abra al universalismo, se incorpore a la gran Iglesia y supere toda espiritualidad de la elección y de la auto-suficiencia. Desde esta preocupación, *la acogida al extranjero* (*xenos*) introduce una interpelación imperiosa en una comunidad tentada por el repliegue étnico.

Hoy como entonces comprendemos también que el problema real no lo constituye cualquier extranjero, sino el pobre, el emparentado con los hambrientos, sedientos, desnudos, enfermos y encarcelados. A Dios como realidad se le acepta o se le niega en las grandes opciones que ponen en juego lo más hondo de la persona y normalmente se toman –por acción u omisión– ante el prójimo necesitado.

Al principio de este capítulo decía que en nombre de Dios se han justificado y se siguen justificando las actitudes más xenófobas y etnocéntricas, pero también las más acogedoras con los extraños y las más solidarias con los desplazados por necesidades sociales y económicas. Nuestro tiempo nos hace muy sensibles a la radical e inevitable ambigüedad del discurso religioso y a la ambivalente función social de la creencia. La religión cristiana, vinculada esencialmente al hecho histórico peculiar de la crucifixión de Jesús en nombre de Dios, tiene en la hospitalidad, entendida como la acogida a los más extraños culturalmente y más necesitados socialmente –correlato de su forma propia de entender la universalidad no como imperialismo unificador que impone la propia particularidad, sino como apertura a lo distinto que cuestiona y exige reformular constantemente la propia identidad–, el gran criterio para juzgar la fidelidad a su inspiración originaria.

6

Los caminos del Espíritu:
Felipe, Pedro, Pablo

Introducción

La relación entre Jesús y Pablo ha sido una cuestión debatida con pasión y que ha encontrado respuestas muy diferentes y opuestas. Es evidente que Pablo es inexplicable sin Jesús. El historiador puede mostrar de qué forma el apóstol desarrolla la obra de aquel a quien confiesa como Señor. Y en la valoración de este proceso entran las mayores diferencias y contraposiciones. He afirmado antes que, en mi opinión, Pablo desarrolla coherentemente el proyecto de Jesús, pero va más allá de la letra y del horizonte histórico de éste.

Desde el punto de vista teológico, hay un factor clave, que es la acción del Espíritu de Dios, que abre fronteras y rompe esquemas preestablecidos, que va más allá de la obra histórica de Jesús precisamente para desarrollar sus virtualidades de forma creativa. Es un proceso complejo, contingente, como todo lo histórico (las cosas siempre hubiesen podido discurrir de otra manera), que el libro de los Hechos de los Apóstoles describe con singular maestría literaria y gran hondura teológica. Pues bien, en este capítulo vamos a contemplar tres momentos claves de la acción del Espíritu en los albores de la Iglesia tal como se describen en los Hechos de los Apóstoles.

No tengo necesidad de decir que, pese al nombre que el libro ha recibido en la tradición, los apóstoles no son los protagonistas de los Hechos de los Apóstoles. No aparecen sino en los cinco primeros capítulos y, con la excepción de Pedro, se les atribuye un escaso papel. Mucho mayor protagonismo a lo largo de toda la obra corresponde a Pablo, que sin embargo no recibe el título de "apóstol" a los ojos del autor del libro. En realidad, los Hechos de los Apóstoles están centrados en la expansión de la Palabra de Dios, que se va describiendo constantemente y que se debe fundamentalmente a la fuerza del Espíritu Santo, verdadero realizador del plan de Dios[67] y protagonista de la obra literaria que lo narra.

Es bien sabido que este libro no presenta una crónica histórica en sentido estricto, sino más bien lo que podríamos llamar una historia fundacional y paradigmática. Todo grupo social conserva con cariño y medita determinados hechos de su pasado, que los considera momentos decisivos y definitorios de su identidad. Nace así una historia fundacional fuertemente idealizada, que se convierte en paradigmática porque proporciona claves para interpretar la historia posterior.

La acción del Espíritu en Felipe, en Pedro y en Pablo fue especialmente decisiva porque marcó los jalones progresivos de superación del enclaustramiento étnico de la comunidad de Jerusalén y el inicio y desarrollo de la apertura misionera y universalista; era, sencillamente, el paso de ser un grupo judío particular a ser la Iglesia cristiana. Es una historia fundacional porque en ella reivindican su legitimidad las comunidades misioneras que están detrás de los Hechos, y demuestran que están en continuidad con el plan de Dios tal como lo ha ido dirigiendo el Espíritu, a pesar de innumerables cálculos humanos adversos. Y es también una historia paradigmática porque no da recetas, pero sí proporciona algunas claves para descubrir cómo actúa el Espíritu y cómo abre caminos nuevos. Los Hechos terminan cuando Pablo consigue llevar el Evangelio a Roma. Mucho se ha conseguido, sin duda. Pero es un final abierto: queda muchísimo aún por hacer. Los

---

[67] J. Guillet, "Saint-Esprit-Luc-Actes", *Supplément du Dictionnaire de la Bible* 60 (1986), col. 184, dice que "es el agente principal de toda la historia narrada en los Hechos".

Hechos hay que leerlos para descubrir la acción inacabable y paradigmática del Espíritu de Dios y de Jesús.

Lucas, autor de los Hechos, concibe al Espíritu de Dios en la línea veterotestamentaria[68], ante todo como poder eficaz y fuerza de Dios para intervenir en la historia. Espíritu y poder, en la perspectiva de Lucas, tienen un valor sinónimo: "El *Espíritu Santo* vendrá sobre ti y el *poder del Altísimo* te cubrirá..." (Lc 1,34). El Espíritu viene o se derrama sobre el profeta o sobre el pueblo, dirige los pasos, elige, arrebata, dice, fortalece, impulsa, impide, envía... Se trata, evidentemente, de un lenguaje metafórico.

En Hch 8,26.29, el ángel del Señor y el Espíritu son intercambiables (*cf.* también 10,10-15 y 10,19). Ambos son, como en el Antiguo Testamento, dos formas de hablar de la intervención eficaz de Dios y no hay que interpretarlos como realidades personales[69] (podría, quizá, decirse que se trata de personificaciones). Lo que sí hace Lc es cristianizar profundamente la neumatología veterotestamentaria que recoge. "Exaltado por la diestra de Dios, ha recibido del Padre el Espíritu Santo prometido y ha derramado lo que vosotros veis y oís" (Hch 2,33)[70]. Usa los esquemas del Antiguo Testamento para hablar del Espíritu, pero ahora el Espíritu de Dios es también el Espíritu de Cristo, que prolonga la misión terrestre de Jesús. El Espíritu es la promesa del Padre, el poder de lo alto, que Jesús envía (Lc 24,49; Hch 1,4-5) a sus discípulos para que sean sus testigos "en Jerusalén, en toda Judea y Samaría, y hasta los confines de la tierra" (1,8).

---

[68] O. Mainville, *L'Esprit dans l'oeuvre de Luc,* Quebec 1991; E. Trocme, "Le Saint-Esprit et l'Église d'après le livre des Actes", en *L'Esprit Saint et l'Église,* París 1969, 19-44; P. Bonnard, "L'Esprit Saint et l'Eglise selon le Nouveau Testament", *RHPR* 37 (1957), 81-90; G. W. H. Lampe, "The Holy Spirit in the Writings of St. Luke", en D. E. Nineham (dir.), *Studies in the Gospels. Essays in Memory of R. H. Lightfoot,* Blackwell, Oxford 1957, 159-200; G. Haya-Prats, *L'Esprit force de l'Eglise,* París 1975; M. A. Chevalier, *Aliento de Dios,* Secretariado Trinitario, Salamanca 1982; *íd.,* "Luc et l'Esprit Saint", *RSR* 56 (1982).

[69] J. de Goitia, *La fuerza del Espíritu,* Universidad de Deusto, Bilbao 1974, especialmente 172-178.

[70] Quizá hay una referencia a Lc 23,46: al morir Jesús, "entrega *(paratithemai)* al Padre su espíritu" y después, una vez exaltado, lo recobra *(labôn)* del Padre y lo derrama sobre los discípulos (Hch 2,33).

Lc no habla del Espíritu como causa de transformación espiritual (Rom 8,5) o como principio de una nueva vida en Cristo (Rom 8,10ss), sino como fuerza y poder de Dios que impulsa a los discípulos y a la Iglesia a llevar adelante el plan de Dios y el testimonio de Cristo.

No voy a entrar en muchos tecnicismos exegéticos, pero sí me voy a permitir situar brevemente los relatos de estos tres personajes. Se encuentran en una sección de transición de Hechos. En los siete primeros capítulos se ha presentado la vida de la comunidad de Jerusalén, que no aspira a salir de los límites del pueblo de Israel. En los capítulos 13 y 14 se narra el primer viaje misionero de Bernabé y Pablo. Los capítulos 8 al 11 describen el proceso paulatino de salir de Jerusalén y de abrirse a los gentiles. No resultó ni fácil ni lógico. El Espíritu dirige de una forma muy especial: les cambia profundamente, en estos capítulos, a nuestros tres personajes. Al judeocristiano helenista Felipe, para que entre en el territorio medio judío de Samaría y, después, para que bautice a un impuro y marginado legal, a un eunuco etíope; al judeocristiano hebreo Pedro, uno de los doce, que va a acabar entrando en casa de una pagano y aceptándole a él y a toda su familia en la comunidad; y al judío de la diáspora Pablo, de quien se describe en esta sección su conversión y primeros pasos misioneros.

En ninguna historia más que en éstas descubrieron los primeros cristianos la acción del Espíritu. Las vamos a evocar brevemente como relatos paradigmáticos de la acción del Espíritu en la historia inacabable.

Felipe: los caminos del Espíritu llevan a los excluidos de Israel

La apertura misionera no se debió a una decisión tomada y controlada por los apóstoles de Jerusalén. Más bien, al contrario, significó una auténtica conversión para ellos reconocer la actuación del Espíritu en una historia que desbordaba sus cálculos y rompía sus esquemas judíos.

El plan de Dios se abre paso de forma desconcertante, y lo

que parece una terrible desgracia se va a convertir en la gran oportunidad. "Se desató una gran persecución contra la Iglesia de Jerusalén" (8,1), pero que en realidad no afectó a toda la Iglesia, sino probablemente sólo al grupo de los helenistas, de los que conocemos a sus siete líderes, entre los que destaca Esteban, de quien se narra el martirio en Hechos 7. Los helenistas tienen que escapar y en su huida van anunciando el Evangelio por los territorios que atraviesan: "Los que se habían dispersado iban por todas partes anunciando la Buena Nueva de la Palabra" (8,4).

Se nos cuentan dos episodios que tienen por protagonista a Felipe, uno de los líderes helenistas y de quien se nos dice que estaba "lleno de Espíritu y de sabiduría" (6,3).

El territorio semijudío de Samaría

Los helenistas huyen hacia el norte y llegan a la región limítrofe con Judea, a Samaría. Allí hay una población con un judaísmo sincretista y muy peculiar, pero rechazado tajantemente por la ortodoxia jerosolimitana: adoran a Yahvé pero no admiten el templo de Jerusalén, sino que tienen otro lugar de culto en el monte Garizim; aceptan el Pentateuco, pero en una versión diferente a la que se lee en las sinagogas judías. La enemistad de los samaritanos con los judíos era enconada, como suele suceder, con frecuencia, entre quienes están muy cerca y se disputan una herencia común.

Sin pensarlo mucho, todo ha sido debido a una huida precipitada, pero el caso es que el Evangelio empieza a ser anunciado más allá de los límites estrictos del judaísmo oficial. Empieza a cumplirse el anuncio de Jesús: "Seréis mis testigos en Jerusalén, en toda Judea, en Samaría y hasta los confines de la tierra" (1,8).

"Felipe bajó a una ciudad de Samaría y les predicaba a Cristo. La gente escuchaba con atención y con un mismo espíritu lo que decía Felipe, porque oían y veían las señales que realizaba; pues de muchos posesos salían los espíritus inmundos dando grandes voces y muchos paralíticos y cojos quedaban curados. Y hubo una gran alegría en aquella ciudad" (8,5-8).

La predicación de Felipe es presentada —como la de Jesús, la de los apóstoles y la de Esteban (6,8)– no sólo ricamente en palabras, sino acompañada de los signos de la presencia del Espíritu. Hasta un mago poderoso que había en aquella ciudad, Simón, queda subyugado por las señales y los milagros de los discípulos de Cristo. El éxito de la misión es grande y rápido:

> *"Pero cuantos creyeron a Felipe, que anunciaba la Buena Nueva del Reino de Dios y el nombre de Jesucristo, empezaron a bautizarse hombres y mujeres" (8,12).*

Felipe y los helenistas no han pedido permiso a nadie para ser misioneros. La fuerza de los acontecimientos y su convicción interior les han llevado a franquear puertas antes no solo cerradas, sino también prohibidas. El evangelizador no es un funcionario, pero tampoco es un francotirador. El autor de Hechos tiene buen cuidado de hacernos ver que una decisión tan importante se hace en comunión eclesial y es avalada por los apóstoles de Jerusalén, que aún existen y que tienen la función vital de garantizar la fidelidad al proyecto de Jesús.

> *"Al enterarse los apóstoles que estaban en Jerusalén de que Samaría había aceptado la Palabra de Dios, les enviaron a Pedro y a Juan. Éstos bajaron y oraron por ellos para que recibieran el Espíritu Santo, pues todavía no había descendido sobre ninguno de ellos; únicamente habían sido bautizados en el nombre del Señor Jesús. Entonces les imponían las manos y recibían el Espíritu Santo" (8,14-17).*

Nos encontramos aquí con el Pentecostés de los samaritanos, como al principio del libro, en 2,1-11, se narraba el Pentecostés de los judíos (*cf.* también 4,31). El Espíritu Santo confirma y fortalece a la comunidad a medida que va creciendo.

El texto parece que establece una separación entre el rito del bautismo y la imposición de las manos con el don del Espíritu. En el episodio posterior de Pedro y Cornelio, por el contrario, el descenso del Espíritu antecede al rito del bautismo. En cualquier caso, es claro que el bautismo en el Señor Jesús equivale a ser bautizado con el Espíritu Santo: la remisión a Jesús, el Resucitado, implica renacer por la fuerza del Espíritu de Dios (19,5-6; 1,5).

Un episodio interesante, y en cuya complejidad no podemos entrar ahora, es la confrontación de Felipe primero y de

Pedro después con el mago Simón, que había tenido admirado al pueblo de Samaría y que luego se bautizó (8,9-24). Simón desea, mediante dinero[71], poder controlar el Espíritu y disponer de él a su antojo. Tentación continua no ya la de desoír al Espíritu, sino la de someterle al poder económico o institucional. Pedro rechaza con durísimas palabras la pretensión de Simón, que desconoce el carácter de don radical (8,20) del Espíritu de Dios.

Es probable que la adhesión entusiasta y llena de alegría de los samaritanos al anuncio de Felipe estuviese marcada aún por una serie de deficiencias que la efusión del Espíritu vino a colmar. Pero hay un dato cierto y notable. Juan y Pedro, apóstoles de Jerusalén, que habían venido a comprobar (¿quizá con algún recelo ante tamaña novedad?) lo realizado por los helenistas, vencen su aversión a los samaritanos y se convierten también ellos en misioneros en Samaría: *"Se volvieron a Jerusalén evangelizando muchos puebles samaritanos"* (8,25).

La evangelización de los excluidos de Israel: el eunuco etíope

Los helenistas habían huido hacia el norte con la esperanza quizá de poder llegar a Antioquía, ciudad cosmopolita, donde podrían encontrar un ambiente más propicio y liberal que en Jerusalén. Pero Dios le impulsa ahora a Felipe a que cambie sus planes y se dirija hacia el sur, por el camino que baja a Gaza, además en el momento más caluroso del día y cuando todo está desierto. Dios prepara su encuentro con un eunuco etíope, alto funcionario de la reina de Candace, que había venido a adorar a Jerusalén (8,27).

Es claro que el etíope no es un mero pagano[72]: ha ido a

---

[71] Lucas subraya el poder de corrupción que tiene el dinero: Hch 5,1-11; 24,24-26; Lc 8,14; 12,15; 16,13.

[72] Parece claro que Lc reserva la primera conversión de un pagano a la decisión de Pedro, y éste será el centurión Cornelio y su casa. La situación del eunuco etíope no es del todo clara. P. Bossuyt - J. Radermakers, *Lettura Pastorale degli Atti degli Apostoli*, Dehoniane, Bolonia 1997, 344-348, parece que le consideran un israelita del grupo de los Falascia, que se asentaron en Etiopía y reivindican una tradición que les remontaría hasta el rey Salomón y la reina de Saba.

adorar a Jerusalén y va leyendo al profeta Isaías. Tampoco parece un judío en el sentido pleno de la palabra. Su defecto físico –era eunuco– le convierte en un excluido de la comunidad cultual (Dt 23; Lv 21). El Espíritu actúa al principio y al final de la escena (versículos 29 y 39). En primer lugar impulsa a Felipe a que "se acerque y se ponga junto al carro" en el que va el eunuco. Felipe no lo duda: "Corrió hasta él y le oyó leer al profeta Isaías" (8,29-30).

El Espíritu le puso en el camino, le impulsó a acercarse, a ponerse a su altura, de modo que pueda saber lo que el otro lleva dentro. Felipe es dócil al impulso del Espíritu: cambia sus planes, se acerca al extraño (negro, etíope...), escucha sus problemas, acepta dejar su montura y subirse al carro del otro, del etíope. Cambia Felipe y cambia también el etíope. Nos encontramos con una descripción preciosa de la conversión de un adepto al judaísmo.

El eunuco etíope va leyendo el famoso texto de Isaías 53:

> *"Fue llevado como una oveja al matadero;*
> *y como cordero, mudo delante del que lo trasquila,*
> *así él no abre la boca.*
> *En su humillación le fue negada la justicia;*
> *¿quién podrá contar su descendencia?*
> *Porque su vida fue arrancada de la tierra".*

"Entonces Felipe, partiendo de este texto de la Escritura, se puso a anunciarle la Buena Nueva de Jesús" (8,35). Imposible no acordarnos del episodio de Emaús, cuando Jesús, el huésped desconocido, "empezando por Moisés y continuando por todos los profetas, les explicó [a los dos discípulos} lo que había sobre él en todas las Escrituras" (Lc 24,27).

Encontramos aquí un magnífico ejemplo de *lectura de la Escritura en el Espíritu*, como lo tendrá que hacer siempre la Iglesia: ir descubriendo, a la luz del acontecimiento de Jesucristo, el sentido profundo y espiritual del texto del Antiguo Testamento.

De esta manera, la fe judía del etíope desemboca en la plena fe cristiana, de modo que su bautismo es la consecuencia necesaria[73]. El excluido de Israel es aceptado en la comunidad cristiana. Llega la salvación escatológica de Dios y se cumple la profecía de Isaías 56,3-5:

"Que el extranjero que se adhiera a Yahvé no diga: ¡De cierto que Yahvé me separará de su pueblo! No diga el eunuco: ¡Soy un árbol seco! Pues así dice Yahvé: Respecto a los eunucos que guardan mis sábados y eligen aquello que me agrada y se mantienen firmes en mi alianza, yo he de darles en mi casa y en mis muros monumento y nombre mejor que hijos e hijas; nombre eterno les daré que no será borrado".

El Espíritu que juntó los caminos de Felipe y del etíope les separa de nuevo y les impele a cada uno para ser en lugares diferentes misioneros del Evangelio. "El Espíritu arrebató a Felipe... que se encontró en Azoto y recorría evangelizando todas las ciudades hasta llegar a Cesarea"[74] (otra vez hacia el norte). Según el texto occidental de Hechos, "el Espíritu Santo cayó sobre el eunuco", que "siguió gozoso su camino" (8,39). Es claro que se dirige hacia el sur y, según la tradición, este eunuco etíope fue el primer misionero en África.

Pedro: el Espíritu lleva a compartir la mesa con los paganos

Nos encontramos con una construcción literaria bellísima (10,1-11,18) y de singular importancia teológica. Es la unidad narrativa más amplia de Hechos. Un momento clave y decisivo, porque por primera vez unos paganos, el centurión Cornelio y su casa, van a ser admitidos en la Iglesia. Para

---

[73] El versículo 37 es una glosa antigua conservada en el texto occidental e inspirada en la liturgia bautismal y que responde a la pregunta formulada en el versículo 36: "Dijo Felipe: si crees de todo corazón es posible. Respondió él: creo que Jesucristo es el Hijo de Dios". En la pregunta del v. 36, "¿qué impide *(kôluei)* que yo sea bautizado?", probablemente se refleja una pregunta que antecedía al rito bautismal y que se encuentra en otros lugares con una formulación que usa la misma expresión técnica *(kôluei)*: Hch 10,47; 11,17; Mc 10,14.

[74] Es inevitable relacionar este texto con 1 Re 18,12, donde Abdías, que estaba al frente de la casa del rey Ajab, dice a Elías: "Cuando me aleje de ti, el Espíritu de Yahvé te llevará no sé dónde..."; o con 2 Re 2,16, donde se pregunta sobre la desaparición de Elías: "No sea que el Espíritu de Yahvé se lo haya llevado y lo haya arrojado en alguna montaña o en algún valle". Puede pensarse también en la forma violenta en que el Espíritu de Yahvé levanta y arrebata a Ezequiel (Ez 3,14).

decisión tan trascendental se reclama la autoridad de Pedro, que no se basa en palabras de Jesús que hubiese podido escuchar durante su vida histórica, sino en la acción novedosa del Espíritu, difícil de entender y que causa problemas e incomprensiones. Como siempre, el Espíritu abre caminos nuevos convulsionando los viejos equilibrios y las convenciones establecidas.

Se suele hablar de "la conversión de Cornelio", pero en realidad se trata de la *conversión de Pedro*[75]. Lo que se describe minuciosamente es el proceso del judeocristiano que se va abriendo a la acción del Espíritu y, en esa medida, supera sus prejuicios, acepta al extraño y arrostra las críticas de los hermanos que consideran demasiado revolucionaria su actitud.

Es un momento decisivo: a partir de ahora, comienza la misión a los gentiles, primero en la Iglesia de Antioquía (11, 20) y después gracias, sobre todo, a la iniciativa de san Pablo.

Ahora bien, ¿qué tipo de misión a los paganos se legitima en el episodio de Pedro y Cornelio? Porque sabemos que en el cristianismo primitivo hubo diferentes formas de entender la relación con los paganos y de establecer condiciones para su aceptación en la Iglesia. Pablo sostuvo encendidas polémicas con otros misioneros cristianos a este respecto.

En el texto de Hechos, el Espíritu va a llevar a la superación de las normas de pureza que regulaban la comensalidad de los judíos. Junto a las normas que regulaban los intercambios matrimoniales eran las más importantes, a los ojos de los judíos, para salvaguardar la identidad del propio pue-

---

[75] J. Roloff, *Hechos de los Apóstoles*, Cristiandad, Madrid 1984, p. 224: "Cornelio es una figura de segundo orden.... Cornelio no es prácticamente más que un objeto que Dios toma para convencer a Pedro de la idea fundamental de que los paganos adeptos no profanan la comunidad salvífica de Jesucristo y, por tanto, pueden perfectamente ser admitidos en ella. Es decir, que, en definitiva, el convertido no es Cornelio, sino Pedro". Este autor expresa muy bien la importancia de la conversión de Pedro, aunque se queda corto sobre la intención del texto, como intento mostrar a continuación.

blo y no contaminarse con los demás[76]. Los antropólogos suelen hablar de la importancia del *convivium* y del *connubium* para definir una cultura. Las normas de pureza de los alimentos, tan importantes para los judíos del tiempo, pretendían restringir severamente el trato con los paganos. Evitar la comensalidad con extraños era clave para mantener la identidad étnica de Israel.

Nuestro texto pone de manifiesto, de forma genial, la íntima relación antropológica existente entre el código de los alimentos y el código de las personas, entre los alimentos que no se pueden comer y las personas que hay que evitar. Considerando abolidos los preceptos de purificación alimentaria –que constituían más del 65% de toda la casuística legal del tiempo–, desaparecía todo obstáculo para que los judeocristianos pudiesen tratar libremente con los paganos, alternar con ellos, frecuentar sus casas, aceptar su mesa y formar comunidades culturalmente mestizas. Ésta es, sin duda, la mayor innovación histórica producida por el Espíritu en la Iglesia primitiva.

Brevemente, voy a explicar los pasos principales de nuestro texto.

El Espíritu les acerca a Cornelio y a Pedro

Se nos presentan dos personajes: uno residente en Cesarea y pagano, Cornelio, centurión de la cohorte Itálica pero simpatizante de la religión judía –"piadoso y temeroso de Dios, como toda su familia, daba muchas limosnas al pueblo y continuamente oraba a Dios" (10,2)–; el otro, judío, Simón, a quien llamaban Pedro, que da muestras de notable flexibilidad: reside en Joppe, localidad pagana, en la que los judíos son un minoría, y se hospeda en casa de Simón el curtidor, oficio tenido por impuro por los judíos ortodoxos más estrictos.

---

[76] Puede verse una explicación sobre el sentido de las normas de pureza alimentaria judía a la luz de la antropología cultural en mi libro *La mesa compartida*, Sal Terrae, Santander 1994, 26-35. También en mi artículo "Comer y compartir la mesa en el obra de Lucas", en J. R. Ayuso, *IV Simposio Bíblico Español, vol. I*, Fundación Bíblica Española, Valencia - Granada 1993, 353-364.

Hay una cierta predisposición recíproca, pero ambos siguen perteneciendo a mundos distantes e incomunicados. El texto describe admirablemente cómo Dios les abre, vence sus resistencias y acerca sus caminos. Nos encontramos con un recurso literario conocido, una "doble visión"[77] y casi simultánea. En la primera, Cornelio es instruido para que llame a Pedro y le haga venir de Joppe a Cesarea. La segunda resulta particularmente extraña: Pedro es invitado a sacrificar y comer de toda una serie de animales considerados impuros por los judíos y que contempla en un lienzo que desciende del cielo.

Pedro, en casa del incircunciso: el Espíritu destruye tabúes y abate obstáculos (10,17-48)

Pedro queda sumido en una gran perplejidad. Tampoco sabe Cornelio la razón de la orden que ha recibido. Es el encuentro con el otro lo que va a ayudar a que cada uno aclare el sentido de la visión que ha recibido. Es el Espíritu quien les acerca, pero para escuchar al Espíritu hay que escuchar al otro, al extraño.

Ya hay una primera reacción positiva de Pedro cuando hospeda a los enviados de Cornelio que van a buscarle a Joppe (v. 23). Pero lo más notable viene después. Pedro llega a Cesarea y entra en la casa pagana de Cornelio[78]. Y ahora el texto juega con el profundo sentido antropológico de las normas de pureza alimenticia del judaísmo. La decisión de Pedro es insólita para un judío, y la justifica porque relaciona el código de los alimentos de la visión tenida en Joppe con el código de las personas. En la visión, Pedro ha sido reiteradamente (v. 16) invitado a vencer sus resistencias y a comer de los animales tenidos por impuros. Ahora, en Cesarea cae en la cuenta del significado profundo de la visión:

---

[77] *Cf.* G. Lohfink, *The Conversion of St. Paul. Narrative and History in Acts*, Franciscan Herald Press, Chicago, 1976, 73-77.

[78] B. R. Gaventa, *From Darkness to Light: Aspects of Conversion in the New Testament*, Fortress, Philadelphia 1986, en la página 109 afirma que "por medio de la cuestión de la *hospitalidad*, Lucas demuestra que la conversión del primer gentil requiere también la conversión de la Iglesia".

"Vosotros sabéis que no le está permitido a un judío juntarse con un extranjero ni entrar en su casa, pero a mí me ha mostrado Dios que no hay que llamar profano o impuro a ningún hombre" (10,28).

A continuación, Pedro anuncia el Evangelio a Cornelio y toda su casa en un famoso discurso (10,34-43) que, a veces, se ha considerado como la más fiel expresión del kerigma primitivo, pero que más bien es un magnífico resumen de la teología lucana.

Las palabras de Pedro son interrumpidas por la venida del Espíritu Santo. Tras el Pentecostés de los judíos (2,1-11) y el de los samaritanos (8,17), ahora tiene lugar el Pentecostés de los paganos (10,44-48). La Palabra de Dios se va expandiendo y, de forma paralela, el Espíritu de Dios amplía su radio de acción: "El Espíritu cayó sobre todos los que escuchaban la Palabra". La Palabra y el Espíritu son inseparables: el Espíritu fortalece y confirma la Palabra, y la Palabra interpreta la obra del Espíritu. Los acompañantes de Pedro –judíos, fieles incircuncisos– quedan atónitos "al ver que el don del Espíritu Santo se derrama también sobre los gentiles" (v. 45). Como siempre, el Espíritu abre horizontes nuevos, supera prejuicios, es la cercanía de Dios –de su intimidad y de su fuerza–, que al acercarse a los hombres destruye también las fronteras que separan a éstos entre sí. Pedro comprende que "Dios no hace acepción de personas" (10,34).

La Iglesia tiene que ser dócil a la acción del Espíritu, que le antecede y abre caminos. Pedro saca una conclusión audaz: "No podemos negar el agua del bautismo a quienes han recibido el Espíritu Santo igual que nosotros". Pero Pedro decide también algo más audaz todavía: se queda en casa de Cornelio algunos días (v. 48).

Pedro da cuenta en Jerusalén de la novedad del Espíritu (11,1-18)

Toda decisión innovadora cuestiona los viejos equilibrios y, con mucha frecuencia, crea conflictos. De alguna forma, el Espíritu Santo es un principio desestabilizador en la vida de la Iglesia. Entiéndaseme bien: el Espíritu es un principio de comunión, pero también de misión, que desestabiliza rutinas cómodas porque continuamente abre a perspectivas más amplias y a síntesis más ambiciosas.

Pedro es el primero del grupo de los doce, pero no tiene un poder absoluto; su decisión encuentra oposición y tiene que dar explicaciones. Pedro da el paso más innovador que jamás se haya dado en la vida de la Iglesia, pero a Pedro también le preocupa mantener la comunión. El Espíritu es misionero hacia afuera y principio de comunión hacia adentro. Vivir en el Espíritu es recrear siempre los equilibrios, con frecuencia entre tensiones.

Cuando Pedro regresa a Jerusalén, los cristianos circuncisos le reprochan: "Has entrado en casa de incircuncisos y has comido con ellos" (11,3). Lo que está en juego no es simplemente la misión a los paganos y que les haya bautizado, sino el estilo de misión que Pedro ha inaugurado impulsado por el Espíritu: una misión que no exige ni la circuncisión ni las prácticas de pureza judía y que funda comunidades mixtas en las que cristianos de procedencia judía y de procedencia gentil conviven y participan de la misma mesa.

¿Cómo se justifica Pedro? Cuenta la visión de los animales impuros y cómo la voz del cielo le repetía: "Levántate, sacrifica y come... Lo que Dios ha purificado tú no lo llames impuro" (11,8-10). Otra vez nos encontramos con la relación entre el código de los alimentos y el código de las personas, entre los alimentos que no se pueden comer y las personas con las que no se puede tratar. Pedro mismo continúa sacando la conclusión para que le entiendan sus objetores de Jerusalén: el Espíritu me estaba diciendo que fuese sin dudar con aquellos paganos que habían venido a buscarme y que entrase en su casa (11,11-13). Después les informa del Pentecostés de los paganos: "Había empezado yo a hablar cuando cayó sobre ellos el Espíritu Santo, como al principio había caído sobre nosotros" (11,15). La Iglesia de Jerusalén reconoce la obra del Espíritu, acepta la decisión de Pedro y se restablece o se consolida la comunión: "Al oír esto, se tranquilizaron y glorificaron a Dios diciendo: Así pues, también a los gentiles les ha dado Dios la conversión que lleva a la vida" (11,18).

Los Hechos de los Apóstoles dan una imagen un tanto irénica de los orígenes de la Iglesia, enfatizando la unidad y la concordia y disimulando la gravedad de los conflictos que existieron. Por lo que a nuestro tema se refiere, conocemos el grave conflicto que estalló en Antioquía entre Pedro y Pablo precisamente en torno a la posibilidad de la comensalidad común —de la convivencia cotidiana— entre paganocristianos y judeocristianos (Gal 2,22-24).

Los Hechos se escriben casi cuarenta años después de este conflicto, y para entonces está claro que hay un tipo de comunidades cristianas en las que se pone de manifiesto de forma eminente la capacidad de innovación histórica de la fe cristiana: comunidades culturalmente mestizas en las que se comparte fraternalmente la mesa, en cuyo interior se derribaba el muro que en aquella sociedad separaba a paganos y a judíos, en las que se superaba el enclaustramiento étnico de los hebreos y el antijudaísmo del mundo gentil; comunidades que reflejaban la nueva humanidad que nacía de la cercanía de Dios, del fundamento de Cristo y de la fuerza del Espíritu (Ef 2,14-22).

La carta a los Efesios, prácticamente contemporánea de Hechos, está hablando del mismo tipo de comunidades cristianas que pretenden legitimar Hch 10-11,18 con la autoridad de Pedro. Se suscitaron numerosas problemas históricos en los que no puedo ahora entrar a fondo. He subrayado que Hechos, propiamente, nos narra la conversión de Pedro, movido por el Espíritu, para que entre en casa de paganos y acepte comunidades heterogéneas y mestizas. Históricamente, es posible que las cosas no fuesen exactamente así. En el conflicto de Antioquía, Pedro cedió a las presiones del grupo de Santiago y rompió la comensalidad con los paganos, desatando las protestas de Pablo. Los Hechos de los Apóstoles dan una visión armoniosa e idealizada de los orígenes y reconcilian a Pedro y Pablo. Más aún, reivindican la autoridad de Pedro para un tipo de comunidades que son, más bien, las de la tradición pospaulina. En el relato mismo de Hechos, Pablo va a ser el gran continuador de una opción legitimada recurriendo a la figura de Pedro (y al reconocimiento del que Pedro gozaba en la Iglesia primitiva).

Pero, insisto, Hechos no pretende reconstruir la historia de la Iglesia primitiva. Con la perspectiva que le da la fe y el tiempo transcurrido, describe la acción del Espíritu en una historia que ha desbaratado los cálculos humanos, que ha impulsado una misión caracterizada por hacer saltar los esquemas étnicos de los primeros cristianos judíos y por hacer posible que se sienten a la misma mesa el centurión de Cesarea, el pescador de Betsaida y el fariseo de Jerusalén.

Pablo: el Espíritu tiene caminos desconcertantes, pero no tiene fronteras

Las cartas de Pablo son un documento de primera mano que reflejan una impresionante experiencia del Espíritu. En ellas se pone también de manifiesto la vivencia espiritual y la riqueza carismática de las primeras comunidades. Son, sin duda, los documentos claves para la teología del Espíritu de la primera generación cristiana. Pero siendo fiel al propósito marcado aquí, sólo voy a hablar del Espíritu y Pablo tal como aparece en Hechos, un escrito de la segunda generación.

La Iglesia, a impulsos del Espíritu

Cuando el Evangelio empieza a superar el enclaustramiento étnico, el primer paso es el encuentro de Felipe con los samaritanos y con el eunuco etíope; el segundo y decisivo es el de Pedro y el pagano Cornelio. Esto es lo que Hechos describe con singular maestría en la sección de transición de los capítulos 8-11. Es evidente que Felipe y Pedro están preparando la posibilidad del ministerio posterior de Pablo, abierto claramente a los paganos y que va a llenar toda la segunda parte del libro. Pues bien, en esta sección de transición, entre los episodios de Felipe (8,1-40) y de Pedro (9,32-11,18), va a narrar la conversión de Pablo y sus primeros pasos como discípulo (9,1-30). Es notable la maestría con que Hechos va desarrollando su trama, preparando los acontecimientos y engarzándolos siempre gracias al plan de Dios.

Los caminos de Dios son en el Nuevo Testamento casi siempre desconcertantes y están bajo la ley de la paradoja fundacional: "La piedra desechada por los constructores se ha convertido en la piedra angular". El perseguidor se va a convertir en evangelizador y el fariseo estricto va a llegar a ser el adalid del evangelio de la libertad. Se explica que los de Damasco se pregunten atónitos: "¿No es éste el que en Jerusalén perseguía encarnizadamente a los que invocaban ese nombre y no ha venido aquí con el objeto de llevárselos atados a los sumos sacerdotes?" (9,31). Voy a evocar brevemente los acontecimientos.

En el camino de Damasco, Saulo, que iba con cartas del sumo sacerdote para que "si encontraba algunos seguidores del Camino, hombres o mujeres, los pudiera llevar atados a Jerusalén" (9,2), tiene la gran experiencia, el encuentro con el Señor. Una luz le envuelve; es tan intensa que le ciega, y les costará a los ojos de Pablo abrirse otra vez y acostumbrarse a la nueva perspectiva.

El Espíritu usa siempre instrumentos humanos (consejeros, visitantes, etc.). Otra vez recurre Hechos al fenómeno de las "visiones paralelas" en Damasco: la visión de Ananías sobre Pablo y la de Pablo sobre Ananías. El Señor va a acercar sus caminos, tiene que superar la explicable desconfianza de Ananías y el desconcierto de Pablo. Se anuncia por primera vez la misión de Pablo: "Instrumento de elección que lleve mi nombre ante los gentiles, los reyes y los hijos de Israel" (9,15; la misión de evangelizador se formulará después con más claridad). Pablo es bautizado y recibe el Espíritu Santo (9,18).

Del relato posterior hay tres detalles que quiero resaltar por su importancia. En primer lugar, Pablo se puso a predicar inmediatamente, aunque todavía sólo entre los judíos, que Jesús era el Hijo de Dios (9,20). La fe necesariamente es misionera, y nadie tiene que autorizar a un bautizado para anunciar públicamente su fe. Saulo empieza su predicación misionera en Damasco sin la aprobación previa de los apóstoles, como Felipe comienza una misión en Samaría de la que sólo más tarde oyen hablar los apóstoles (8,14)[79]. En ambos casos, los líderes de Jerusalén verifican, de algún modo, estas misiones, pero no las inician.

En segundo lugar, esta predicación de Pablo encuentra una oposición tan dura que tiene que escaparse de Damasco, de noche y descolgándose por la muralla, para salvar su vida (9,23-25). Esto le va a suceder constantemente a Pablo, sobre todo en las sinagogas judías. El Evangelio es esencialmente conflictivo porque cuestiona muchas inercias cómodas y convenciones establecidas.

En tercer lugar, Hechos nos dice que Pablo fue a Jerusalén "e intentaba juntarse con los discípulos" (9,26). Hay un afán por entrar en contacto con los primeros testigos, por reconciliarse con quienes había perseguido, por establecer lazos de comunión con la Iglesia madre de Jerusalén. Y lo logra, no sin vencer el miedo inicial de los apóstoles, gracias a los buenos oficios de Bernabé, figura clave cuya importante labor misionera y de mediación aparece también en otros lugares.

El ministerio de Pablo y el Espíritu en Hechos

La obra misionera de Pablo y su misma estrategia apostólica están dirigidas por el Espíritu. Voy a señalar los momentos principales, lo que nos proporcionará enseñanzas muy significativas.

El primer viaje misionero lo emprenden Bernabé y Pablo como enviados de la Iglesia de Antioquía, por la acción expresa del Espíritu:

> *"Mientras estaban celebrando el culto del Señor y ayunando, dijo el Espíritu Santo: Separadme a Bernabé y Saulo para la obra a la que los he llamado... Ellos, pues, enviados por el Espíritu Santo, bajaron a Seleucia y de allí navegaron hasta Chipre..." (13,2-4).*

Un momento trascendental se presenta en el capítulo 16 cuando Pablo, separado ya de Bernabé y después de recorrer

---

[79] R. C. Tannehill, *The Narrative Unity of Luke-Acts: A Literary Interpretation. Volume 2: The Acts of the Apostles,* Fortress, Minneapolis 1990, 113, 120.

las iglesias anteriormente fundadas, con un plan lleno de lógica intenta llegar a Éfeso, capital de Asia Menor y centro estratégico de la región (16,6). Pero el Espíritu tiene otros planes y se lo impide. Pablo entonces pretende ir hacia el norte, hacia Bitinia (16,7), quizá para llegar a Nicomedia, siempre en Asia Menor. Pero el Espíritu se lo vuelva a impedir y le va empujando hacia el oeste, de modo que llega a Tróade, justo enfrente de la costa de Grecia (16,8). Pablo ha sido conducido por el Espíritu para escuchar el grito que viene del otro lado: "Pasa a Macedonia y ayúdanos" (16,9). Y Pablo va a dar el gran salto: atraviesa el Egeo y se adentra en Grecia, en el corazón de lo distinto y de lo extraño.

Pero Éfeso no podía quedar al margen del proyecto misionero de Pablo. Según el texto occidental, el Espíritu es quien le dirige más tarde a esta ciudad: "Queriendo Pablo, según sus planes, ir a Jerusalén, el Espíritu le dijo que se volviera a Asia. Atravesó las regiones altas y llegó a Éfeso..." (19,1). Allí se encuentra con unos discípulos de muy diferente formación, porque han recibido el bautismo de Juan, pero no conocen la efusión del Espíritu Santo, que es el gran don de los tiempos mesiánicos.

> *"Y habiéndoles impuesto Pablo las manos, vino sobre ellos el Espíritu Santo y se pusieron a hablar en lenguas y a profetizar" (19,6).*

Estando en Éfeso, Pablo toma una decisión trascendental que se describe con especial solemnidad. Presento lo que considero la traducción probablemente más correcta:

> *"Después de estos sucesos, decidió Pablo en el Espíritu ir a Jerusalén pasando por Macedonia y Acaya. Y decía: después de estar allí, debo visitar también Roma" (19,21).*

La decisión de Pablo de visitar las dos ciudades corresponde a la voluntad divina. Dice que *"debe (dei) también visitar Roma"*, usando una palabra característica para expresar el plan de Dios[80]. A esto corresponde la afirmación de que

---

[80] C. H. Cosgrove, "The Divine *deî* in Luke-Acts", *Novum Testamentum* 26 (1984), 168-190.

"decidió en el Espíritu ir también a Jerusalén"[81]. De la misma forma que Pablo emprendió el primer viaje desde Antioquía por fidelidad al Espíritu, también ahora se subraya que emprende este viaje decisivo que le va a llevar a Jerusalén y Roma por fidelidad al Espíritu y para cumplir la voluntad de Dios.

Tras abandonar Éfeso, Pablo pasa tres meses en Grecia. El texto occidental vuelve a introducir otra mención al Espíritu que dirige los pasos de Pablo:

> *"Pasó allí tres meses y, como los judíos tramaran una conspiración contra él, quiso embarcarse para Siria, pero el Espíritu le dijo que volviera por Macedonia" (21,3).*

En el discurso que Pablo pronuncia en Mileto para despedirse de los presbíteros de Éfeso, dice:

> *"Mirad que yo ahora, atado por el Espíritu, me encamino a Jerusalén sin saber lo que allí me sucederá; solamente sé que en cada ciudad el Espíritu Santo me testifica que me aguardan prisiones y tribulaciones" (20,22-23).*

Para Pablo, ir a Jerusalén es meterse en terreno hostil. Las autoridades judías le conocen bien y están sobre aviso. Tampoco está claro cómo le van a recibir los judeocristianos de la ciudad. Pablo se ve a sí mismo como encadenado por el Espíritu, sin poder ni querer eludir el destino que Dios mismo le ha deparado.

Pablo obedece al Espíritu, pero reconoce que "no sé lo que allí [en Jerusalén] me sucederá" (20,22). A medida que llega la hora de la verdad, el discernimiento es más oscuro. En Tiro nos encontramos con un instructivo caso de conflicto en la comprensión de los caminos del Espíritu. Allí "algunos, mo-

---

[81] R. C. Tannehill, *o. c.,* 239 dice que la expresión *en tò pneumati* de 19,21 podría referirse tanto al espíritu humano de Pablo como al Espíritu de Dios, pero se inclina por la segunda posibilidad, porque sería extraño que se atribuyese el viaje a Jerusalén a una decisión humana mientras el viaje a Roma se pone en relación con una necesidad divina, sobre todo teniendo en cuenta que Pablo establece una cierta comparación entre ambos viajes. Además, también parece que en 20,22-23 habla de una decisión que no es meramente humana.

vidos por el Espíritu, le decían que no subiese a Jerusalén" (21,4). Pero, en cambio, Pablo está convencido de que es el Espíritu quien le empuja en su camino. El recurso a la inspiración del Espíritu no sirve para escapar fácilmente de la ambigüedad de la vida humana. Hasta ahora, el Espíritu anunciaba lo que a Pablo le iba a suceder en Jerusalén. ¿Sacan los de Tiro una consecuencia —"que no suba"— de su propia cosecha, pero que atribuyen al Espíritu precisamente por el mucho amor que le tenían? ¿Hasta dónde llegan los propios intereses, los afectos, y dónde empieza la acción del Espíritu?[82]

Casi a las puertas de Jerusalén, en Cesarea, en casa del evangelista Felipe, Agabo, un profeta de Judea, realiza un gesto simbólico —se ata los pies y las manos— y anuncia: "Esto dice el Espíritu Santo: así atarán los judíos en Jerusalén al hombre de quien es este cinturón" (21,11). Los que le oyen le piden "que no suba a Jerusalén" (21,12). Es la misma petición que le habían dirigido en Tiro, pero esta vez no se pone como una inspiración del Espíritu, sino como una conclusión humana.

Pero Pablo saca una conclusión muy diferente. A medida que se van vislumbrando las dificultades y persecuciones que va a encontrar en Jerusalén, se va también comprendiendo que el camino del Espíritu lleva a la identificación con el destino de Jesús.

Pablo, el Espíritu y el seguimiento de Jesús

El Espíritu Santo es el Espíritu de Jesús. Él es quien lo envía (2,33), y su acción identifica con Él. El Espíritu no es una exaltación arbitraria ni un movimiento sin referencia, sino que dice siempre relación a la Palabra, al Logos, a la vida de Jesús de Nazaret. La Palabra sin Espíritu es letra muerta,

---

[82] "A lo largo de todo el libro de los Hechos de los Apóstoles, y hasta la obstinación de los judíos en Roma del último capítulo, el Espíritu Santo no aparece nunca como la solución de facilidad que muchas veces nos imaginamos con cierta confusión. También la primera generación cristiana conoció persecuciones y fracasos, divisiones e incertidumbre, y esto en la fe del Espíritu Santo y en el convencimiento de su eficacia...": Equipo Cahiers Evangile, *Los Hechos de los Apóstoles*, Cuadernos Bíblicos 21, Estella [12]2000, 71.

pero el Espíritu sin Palabra es arbitrariedad y subjetivismo. Los Hechos de los Apóstoles hay que leerlos no sólo como la segunda parte del evangelio de Lucas, sino descubriendo también las numerosas referencias y paralelos que se establecen entre la vida de Jesús y la vida de la primera Iglesia. Ya en el relato de la muerte de Esteban, el primer mártir y "hombre lleno del Espíritu" (Hch 6,3.10; 7,55), hay un cuidado interés por mostrar su identificación con Jesús, para lo cual establece un claro paralelismo de su muerte con la de su Señor (Hch 7,59 y Lc 23,46; Hch 7,60 y Lc 23,24).

El camino de Pablo a Jerusalén está lleno de relaciones con el famoso camino de Jesús a Jerusalén, tan característico del tercer evangelio. Es manifiesta la voluntad de presentar a Pablo en el seguimiento de Jesús y continuando su camino. Indico los datos literarios.

Un versículo de especial solemnidad indica el inicio del camino hacia Jerusalén (*poreusthai eis*) de Jesús (Lc 9,51) y de Pablo (Hch 19,21)[83]. En ambos casos se dice que Jesús y Pablo envían por delante a mensajeros o servidores (Lc 9,52; Hch 19,22). Detrás del programa de Pablo está el plan de Dios, como se ve por la expresión *"es necesario" (dei)* de 19,21. Esta misma expresión *(dei)* aparece referida a la pasión de Pablo en 9,16; 23,11; 27,24, como también al camino y a la pasión de Jesús en Lc 9,22; 13,33; 17,25; 22,37; 24,7.26; Hch 17,3[84]. Según la profecía de Agabo en Hch 21,11, a Pablo "le atarán los judíos en Jerusalén... y le entregarán en manos de los gentiles". Pero, en realidad, las cosas no discurrieron así, sino que más bien los romanos le salvaron de las manos de los judíos (*cf.* Hch 21,30-36). La formulación de 21,11 obedece al deseo de establecer un paralelismo con Jesús (*cf.* Lc 18,32).

El paralelismo entre los caminos de Pablo y de Jesús se puede presentar de forma muy estricta[85]:

---

[83] G. Schneider, *Die Apostelgeschichte. II Teil*, Herder, Friburgo 1981, 274.

[84] G. Schneider, *o. c.*, 274, notas 11 y 12.

[85] Sigo a C. H. Talbert, *Literary Patterns, Theological Themes and the Genre of Luke-Acts*, Scholars Press, Missoula, 1974, 15-35; también C. H. Talbert - J. H. Hayes, "A Theology of Sea Storms in Luke-Acts", *SBL 1995 Seminar Papers*, 321-336.

Jesús hace un camino a Jerusalén, que es un camino hacia la pasión (9,31.51;12,50; 13,33; 18,31-33), cumpliendo un plan divino (13,33) y caracterizado por la incomprensión de los discípulos (9,45; 18,34).

Pablo hace un último viaje a Jerusalén, que es un camino hacia la pasión (20,3.22-24. 37-38; 21,4.10-11.13), lo que responde a un plan divino (20,22; 21,14) y se caracteriza por la falta de comprensión de sus amigos (21,4.12-13).

No sólo hay un paralelismo entre el camino de Jesús y el de Pablo a Jerusalén, sino que también guardan notable semejanza los sucesos que tienen lugar una vez que han alcanzado la ciudad:

Lc 19,37: Jesús es bien recibido y el pueblo alaba a Dios por las obras que ha visto.

Hch 21,17-20a: Pablo es bien recibido y Dios es glorificado por las cosas realizadas entre los gentiles.

19,45-48: Jesús va al templo y tiene una acitud positiva con él.

21,26: Pablo va al templo y tiene una actitud positiva con él.

20,27-39: Los saduceos no creen en la resurrección y los escribas apoyan a Jesús.

23,6-9: Los saduceos no creen en la resurrección y los escribas apoyan a Pablo.

22,19a: En una comida, Jesús "cogió pan y, dando gracias, lo partió".

27,35: Pablo en una comida, "tomó pan y dando gracias (...) lo partió".

22,54: Jesús es detenido.

21,30: Pablo es detenido.

22,63-64: Los siervos del sumo sacerdote abofetean a Jesús.

23,2: Pablo es abofeteado por orden del sumo sacerdote.

22,66; 23,1.8.13: Cuatro comparecencias de Jesús (Sanedrín, Pilato, Herodes, Pilato).

Capítulos 23, 24, 25, 26: Cuatro comparecencias de Pablo (Sanedrín, Félix, Festo, Herodes Agripa).

Es especialmente notable el paralelismo entre los procesos de Jesús y de Pablo ante las autoridades judías y romanas:

23,4.14.22: Tres veces Pilato declara a Jesús inocente.	23,9; 25,25; 26,31: Tres hombres, Lisias, Festo y Agripa, declaran a Pablo inocente.
23,6-12: Pilato envía a Jesús a Herodes para que lo interrogue.	25,13-26,32: Un Herodes oye a Pablo con permiso de Festo.
23,16.22: Pilato dice que quiere liberar (*apolusô*) a Jesús.	26,32: Agripa dice: "Este hombre podría ser liberado" (*apolelusthai*).
23,18: Los judíos gritan: "Fuera ése" (*aire touton*).	21,36: Los judíos gritan: "Fuera él" (*aire auton*).
23,47: Un centurión tiene una opinión favorable de Jesús.	27,3.43: Un centurión tiene una relación favorable con Pablo.

Es el Espíritu, el poder y la fuerza de Dios, quien extiende su Palabra. Es el Espíritu quien dirige a Pablo. Entre oscuridades y conflictos, Pablo sigue el camino, lleno de sorpresas, del Espíritu y pese al intento de disuadirle por parte de quienes más le amaban. Y es que el Espíritu de Dios, que es también el Espíritu del Hijo, identifica con el destino, tan paradójico y escandaloso, de Jesús de Nazaret.

Conclusión

Los textos narrativos no son plenamente traspasables a resúmenes conclusivos o a síntesis teóricas, porque en ese intento se pierde el carácter interpelante y la potencia alusiva y sugerente de los relatos. Muy consciente de esta limitación, voy a recoger brevemente algunos rasgos de la acción del Espíritu que hemos ido descubriendo en los acontecimientos de Felipe, Pedro y Pablo.

Es el Espíritu quien abre el camino a la Iglesia. No es la Iglesia quien planifica los caminos del Espíritu. Al revés, los caminos del Espíritu resultan extraños, paradójicos y desconcertantes. También es verdad que en ocasiones el Espíritu se confiere por el bautismo o por la imposición de las manos de los apóstoles o discípulos (8,15-17; 9,17-18; 19,6). El Espíritu impulsa a dar pasos audaces, a abrir caminos nuevos y, con frecuencia, cuestiona convenciones muy arraigadas. Para escuchar al Espíritu hay que escuchar al otro, sobre todo al otro diferente, al que nos puede desidentificar porque tiene algo nuevo que decirnos. El primer sorprendido por el Espíritu es el evangelizador. Para ser instrumento del Espíritu hay que ser antes dócil al Espíritu. Evangelizar no es hacer publicidad, sino dar testimonio. Sólo puede convertir quien está convertido. Las grandes conversiones que realiza el Espíritu en los Hechos son las de Felipe, Pedro y Pablo (la del eunuco etíope, la de Cornelio y su familia, etc., son consecuencia y vienen después). El Espíritu dice una relación necesaria y con frecuencia no fácil a la comunidad: está en el origen de operaciones innovadoras para construir una Iglesia más acogedora y universal y, al mismo tiempo, impulsa siempre a mantener la comunión con los hermanos que más dificultades pueden tener para comprender las nuevas fronteras que se abren. El Espíritu de Dios, que dirige la historia de la salvación desde el inicio, es ahora el Espíritu que envía el Señor glorioso (2,33), y su camino dice relación con el que siguió Jesús de Nazaret.

7

La fe en Dios como libertad

Jesús fue, hasta el final de sus días, un judío fiel, que no rompió con las tradiciones de su pueblo, aunque ciertamente poseyó una especificidad muy acentuada, que resultó insoportable a las elites dominantes. Su misma predicación central, el Reinado de Dios, supone una afirmación muy radicalizada del característico monoteísmo judío –que se expresa en el primer mandamiento de la ley–, pero, eso sí, vinculándolo esencialmente a su ministerio y convirtiéndolo en esperanza histórica.

En muchas ocasiones, Jesús habla y responde como un sabio judío de singular penetración. Así sucede cuando le preguntan por el mandamiento mayor de la ley (Mt 22,34-40). Jesús reivindica el tradicional primer mandamiento de la ley judía de una forma enormemente provocativa, sobre todo cuando se la sitúa en el contexto de la vida entera del maestro de Nazaret. Estoy convencido de que, a pesar de lo que pudiera parecer a primera vista, la cuestión tiene una actualidad muy especial en nuestros días.

En efecto, lo que el judío Jesús de Nazaret llama el *"mandato primero"* (Mc 12,29) y *"más grande"* (Mt 22,38) no está muy presente en las preocupaciones de los cristianos de nuestros días, hasta el punto de que no suele aparecer en los elencos con que se examinan las conciencias. Si auscultamos la sensibilidad cultural predominante descubrimos que este mandamiento, que pretende que el hombre centre su vida de forma radical y exclusiva en Dios y cumpla su voluntad, es visto con sospecha y desconfianza.

Se desconfía de un Dios que desde afuera interpela e intimida su voluntad, porque destruye la autonomía humana: se prefiere una divinidad suave, detectable en la propia subjetividad, que no irrumpa con exigencias incontrolables y que se identifique, más bien, con una experiencia interna confortante. Pero hay más: esta afirmación de Dios como único principio absoluto de la vida es considerada fuente de intolerancia. Nos hemos hecho muy sensibles a las consecuencias funestas de las ideologías fuertes, que pretenden explicar toda la realidad a partir de un principio único. Por eso asistimos a una cierta reivindicación del politeísmo, no con el ánimo de afirmar la realidad de muchos dioses, sino como una estrategia cultural para difuminar toda instancia que pretenda gravitar sobre los humanos. Se añade que el Dios exclusivista –y la cosa se agrava si, además, se pretende único– hace de sus fieles un pueblo también exclusivista, con conciencia de superioridad y que para defender su fe se cierra a las influencias externas.

Tenemos que escuchar las críticas, purificar las deformaciones y profundizar en la genuina experiencia bíblica que está detrás de este mandamiento, para volver a decirlo con fidelidad y a la altura de los tiempos, pero sin ocultar su fuerte carga contracultural: el primer mandamiento conlleva una confrontación con el Dios de la fe bíblica, en absoluto reducible a la pura subjetividad, que irrumpe e interpela, que sorprende y desarbola la seguridad humana, que crea una tradición que invita a configurar la propia experiencia. Es necesario mostrar la capacidad humanizante del primer mandamiento, pero no cabe su reducción antropológica. Lo más sublime es lo que más se puede degradar. La palabra *Dios* es la más embarrada y manipulada del lenguaje humano, pero es irrenunciable porque remite a una experiencia única y límite, al misterio que fascina y aterra al ser humano. ¿Qué significa hoy la radical remisión a Dios que inculca el primer mandamiento?

En la Biblia descubrimos que desde el principio este

mandamiento tuvo una enorme carga crítica y se fue refor-
mulando, explicitando y buscando nueva relevancia[86]. La
formulación más arcaica dice: *"No tendrás otros dioses frente a
mí"* (Dt 5,7; Ex 20,3). Esta fórmula se alargó pronto con la
prohibición de imágenes y con la defensa del uso del nombre de Dios (Dt 5,8-11; Ex 20,4-7). Otra formulación se encuentra en Dt 6,14: *"No vayáis en pos de otros dioses"*. Una
tercera fórmula es la de Dt 6,4-5: *"Escucha, Israel: Yahvé es
nuestro Dios, sólo Yahvé. Amarás a Yahvé, tu Dios, con todo tu
corazón, con toda tu alma y con toda tu fuerza"*. Esta última
es la más extendida, la que utiliza Jesús en su respuesta al
escriba, y formaba parte del *Shema Israel,* que todos los
judíos piadosos recitaban cada día por la mañana y por la
tarde. Este rápido apunte sobre la pluralidad de formulaciones del primer mandamiento puede ser muy instructivo para comprenderlo en el presente.

Llamada a la libertad

El Dios que reclama todos los derechos sobre el pueblo es
"el que libera de la esclavitud" (Dt 5,6); no se combate la ne-
gación de Dios, sino el pasarse a otros dioses cuya existencia,
lejos de negarse, se presupone. Israel experimentó una terrible
presión para que aceptase el dios del faraón, en cuyo nombre
se construían grandes templos, se legitimaba el imperio y se
esclavizaba a los israelitas. Era un dios de opresión y de muerte. La fe bíblica parte de la rebelión contra este estado de
cosas, porque reivindica un Dios diferente. Era un Dios que
escuchaba el clamor de los oprimidos (Ex 2,23-24) y que
exigía –contra el dios del faraón, después contra el dios de los
asirios, de los babilonios, del panteón griego– ser el único
Dios de su pueblo. Todos los mandamientos que siguen al
principal sólo pretenden desarrollar la liberación y traducirla
en solidaridad una vez que vivan en su tierra.

---

[86] En los primeros capítulos del Deuteronomio encontramos un comentario al
primer mandamiento: N. Lohfink, *Das Hauptgebot. Eine Untersuchung literarischer
Einleitungsfragen zu Dt 5-11*, Roma 1963; íd., "El mandamiento principal", en *Valores actuales del Antiguo Testamento*, Florida (Argentina) 1966, 145-168.

El capítulo 8 del Deuteronomio tiene un particular interés porque nos encontramos con una reinterpretación del mandamiento principal en medio de una situación religiosa que tiene notables semejanzas con lo que sucede en la cultura occidental de nuestros días. El pueblo está instalado en una tierra espléndida, llena de trigo, de cebada, de ganados y olivares, "tierra donde las piedras tienen hierro y donde no se carece de nada" (Dt 8,7-9). Hay una necesidad imperiosa de reformular críticamente el mandamiento principal porque el corazón del pueblo se engría y se olvida del Dios que le sacó de la esclavitud (8,14). La abundancia y el bienestar sofocan la esperanza y el ansia de justicia, y llegan a decir que "mi propia fuerza y el poder de mi mano me han procurado esta prosperidad" (8,17). El mandamiento principal de Dios, como las exigencias serias del prójimo, rebotan en un corazón blindado por la prosperidad y la comodidad materiales. Cabe a lo más un dios-*referente-cultural-simbólico*, pero no hay sitio para un *Dios-amor-celoso*, a quien se le acepta de verdad en la medida en que se constituye en la columna vertebral de la vida y hasta de la psicología del creyente.

Lo que repite Dt 8 es que el pueblo debe *recordar* su propia experiencia y *no olvidarse* ni de Yahvé, el que le sacó de Egipto, ni de los mandamientos que dimanan de su voluntad de liberación (8, 2.11.14.17.18.19). Nuestro tiempo se caracteriza por la resistencia a *hacer memoria*; o, lo que es lo mismo, por considerar que el prototipo de la memoria es la del ordenador, la simple recuperación de datos útiles al usuario. Hoy de lo que se trata es de disfrutar al máximo del presente, sin preocuparse seriamente del futuro, que no existe, ni del pasado, que es visto como una sucesión de peldaños para llegar a nuestra situación actual, que se convierte en la cumbre de la historia. La exacerbación del presente lleva al goce depredador, insolidario y sin plazos que caracteriza a la cultura del capitalismo.

Pero el recordar auténtico implica recuperar las posibilidades olvidadas y sofocadas; sobre todo, es caer en la cuenta de los derechos pendientes de las víctimas y de las injusticias sobre las que se edifica el presente. La sabiduría del pasado cuestiona nuestra situación, amplía las posibilidades e impele hacia un futuro realmente nuevo, que no sea la simple prolongación del presente. Sin memoria no hay esperanza.

En la Biblia, la memoria de lo que Dios ha hecho es la garantía de lo que volverá a hacer de nuevo; la solidaridad y la conciencia histórica exigen cultivar recuerdos, que relativizan nuestros intereses y nos hacen agradecidos. Sólo un Dios que descuella absolutamente de entre todas las realidades mundanas es capaz de fundar una esperanza real, que no sea la mera espera de la duración de lo que tenemos.

Una formulación genial del primer mandamiento es la de Elías, el gran profeta del celo de Yahvé (un celo que se describe con manifestaciones aberrantes a la luz de mensaje de Jesús y de la conciencia moral contemporánea: 1 Re 18, 39-40), que quiere sacar al pueblo de la ambigüedad y de la tibieza: "¿Hasta cuándo vas a estar cojeando con los dos pies? Si Yahvé es Dios, seguidle; si Baal, seguid éste" (1 Re 18,21). Pero –continúa el texto– "el pueblo no respondió nada": quiere escapar del dilema, no se rechaza a Yahvé, pero tampoco se quieren quemar las naves. La entrega a Dios parece una pérdida y produce vértigo. Sin embargo, es quien está dispuesto a perderse el que se gana, el grano de trigo que muere es el que da fruto; sólo cuando se penetra en la noche se descubre que es "más amable que la alborada" (san Juan de la Cruz).

Llamada contra la idolatría

El mandamiento principal es un aguijón permanente que impide acomodarse tranquilamente a las situaciones del mundo. Para Israel, fue una tentación, por supuesto, servir a los dioses de otros pueblos, sobre todo cuando eran poderosos. Pero había un peligro más sutil –y, por tanto, más grave–, que era poner la confianza en el poder de los imperios o en la acumulación de dinero. En los profetas, las alianzas con las grandes potencias son condenadas como idolatría no por las consecuencias cultuales que puedan acarrear, sino en sí mismas, porque divinizan los imperios y contravienen el primer mandamiento. Cito un solo texto a modo de ejemplo:

Asiria no nos salvará,
no montaremos a caballo,
no volveremos a llamar dios
a la obra de nuestras manos (Os 14,4).

J. L. Sicre dice que "este texto tan breve es uno de los más interesantes para comprender la evolución de la idolatría, cómo los dioses del cielo dejan paso a los dioses de la tierra"[87]. Y es que en el siglo VIII los ídolos habían adquirido forma nueva. El profeta denuncia tanto la alianza con la gran potencia asiria, buscando en ella la salvación, como la confianza en los pertrechos militares, caballos y carros de combate, quintaesencia del poder guerrero. Lo que tiene que hacer Israel es renovar su fe primitiva en el Dios que le libró de la opresión y le acompañó por el desierto.

Es bien conocido cómo Jesús, y después varios textos del NT, consideran que el afán de dinero coloniza de tal modo la vida humana que tiene una estructura idolátrica y se opone frontalmente a la aceptación de Dios como el único Señor."No podéis servir a Dios y al dinero", donde el verbo *servir* tiene el sentido de servicio y de entrega a Dios como Absoluto[88]. A los fariseos, que amaban las riquezas, Jesús les dice que lo "que para los hombres es más alto (*hupselon*: los altos idolátricos) es abominación (*bdelugma*: ídolo aborrecible) para Dios" (Lc 16,15). Se pone de manifiesto el carácter idolátrico del afán de dinero y la naturaleza contracultural del mensaje de Jesús. La tradición paulina desarrolla esta línea: "La codicia es una idolatría" (Ef 5,5; Col 3,5); el afán de dinero no se opone a uno u otro aspecto de la fe, sino que va contra su esencia, contra el mandamiento principal (1 Tm 6,10).

La idolatría consiste en conferir un valor absoluto a una realidad creada o a una causa histórica. El Dios de la Biblia reivindica su señorío absoluto sobre el creyente para que sea libre y no se someta a nada creado. Diríase que el ser humano –si no el individuo, sí las sociedades– gravita siempre en

---

[87] *Los dioses olvidados,* Madrid 1979, 49.
[88] H. Balz - G. Schneider, *Diccionario exegético del NT,* vol. I, Salamanca 1996, 1.063.

torno a algún absoluto, y, cuando Dios desaparece del horizonte, el peligro es que su lugar vacío sea ocupado por un líder, una causa o una cosa. Me voy a permitir un par de apuntes sobre nuestra situación.

Hoy, el mercado se erige en valor absoluto. Se considera que por sí mismo produce el óptimo social y que nada debe limitar su señorío. Rige una ley, la del máximo beneficio, y un valor supremo, el económico. Es una religión que implica una fe ciega y configura una cultura. Es una idolatría, con su escatología (hay quien dice que la sociedad del mercado libre es el fin de la historia), que exige sacrificios y víctimas. Quien no acepta este culto apostata y es arrojado a las tinieblas exteriores, donde no hay salvación.

Nos encontramos con un punto delicado. El lenguaje de los apologetas del mercado, como sus formas y ademanes, suele ser tecnocrático y muy poco "religioso", de modo que puede parecer una exageración hablar de *mercadolatría*. También es verdad que no pocas veces las críticas que se realizan desde sectores cristianos, y con motivación religiosa, adolecen de retórica y demagogia y carecen del mínimo rigor técnico exigible. Todo esto y otras cosas son verdad. Pero creo perfectamente legítimo tachar de idolatría esta ideología de nuestro tiempo, precisamente por su enorme capacidad de ocultar sus miserias, de deslumbrar y fascinar y, sobre todo, por las víctimas que provoca y se presentan como tributos necesarios para la salvación.

Desacreditadas hoy otras instancias de resistencia y de crítica, es quizá en la conciencia religiosa donde quedan más reservas de compasión ante las víctimas, de imaginación para pensar futuros distintos y de coraje para luchar por él. Dios, único Señor, nos libra del fatalismo del mercado como liberó del *fatum* que angustiaba al mundo pagano. El destino de la humanidad no es aceptar el dinero como ley suprema y servirle. Es posible orientar la vida de otra forma. Es posible la aceptación de un Dios que irrumpe en la historia y la abre desde la fe en su promesa, desde el recuerdo de lo que ha hecho con los esclavos del faraón y, sobre todo, de lo que ha hecho en Jesús.

En Europa florecen con fuerza diversos nacionalismos. No

es cuestión de analizar ahora tan complejo problema, en el que junto a legítimas reivindicaciones grupales se esconden también corporativismos insolidarios y exacerbaciones ideológicas muy peligrosas. Pero es claro que el propio grupo –y, concretamente, la propia patria o nación– es una de las realidades más fácilmente idolatradas. Además, provoca un culto cuya estructura religiosa aparece con singular claridad: las emociones que suscita, las liturgias, la entrega de la vida, la división entre fieles e infieles. Escribo en un país en el que algunos matan en nombre de la patria, donde hay gente que considera héroes a los asesinos y, cuando alguno de éstos muere, no son pocos los que le consideran mártir. Para algunos, la patria se ha convertido en un valor absoluto, que ocupa el lugar de Dios, exige la entrega de la propia vida y, por supuesto, la de los demás. Creo que no basta con condenar los crímenes del terrorismo ni son suficientes consideraciones morales a la luz del valor de toda vida humana. Es necesario también realizar una crítica ideológica, a la luz del reconocimiento de Dios como único Señor, de un nacionalismo absolutizado y, por tanto, convertido en ídolo de muerte.

Llamada contra la manipulación de Dios

Muy pronto se desarrollaron dos exigencias del mandamiento principal, que resultan de permanente actualidad: la prohibición de hacer imágenes de Dios[89] y el mandato de no usar su nombre en vano (Dt 5,8-11). El primer mandamiento implica una autocrítica y una purificación de la misma vida religiosa.

Los ejemplos de "tomar en vano el nombre de Dios" son infinitos y sangrientos. El 2 de septiembre de 1973, día en que Marcos dio el golpe de Estado en Filipinas, aparecía en la televisión la imagen de Jesús con esta frase: "No he venido a echar abajo la ley, sino a darle cumplimiento". Reagan daba gracias a

---

[89] Según la mayoría de los exégetas, lo que se prohíbe no es hacer imágenes de los falsos dioses, lo cual es obvio y está incluido en Dt 5,6, sino de Yahvé mismo. F. García, *El Decálogo*, Estella 1994, 21; W. Zimmerli, *Gesammelte Aufsätze*, Múnich 1963, 244.

Dios porque la riqueza de Estados Unidos probaba que eran una nación bendita por Dios. Franco se decía "caudillo por la gracia de Dios". Las tropas nazis llevaban la inscripción "Got mit uns" ("Dios con nosotros"). En los dólares se lee "in God we trust" ("en Dios confiamos"). "En nombre de Dios, los cristianos hemos organizado cazas de brujas, matanzas de judíos, cruzadas, hemos quemado vivos a los que no pensaban como nosotros... Hemos ensuciado y seguimos ensuciando el nombre de Dios, de mil modos, al usarlo en defensa de los propios ídolos. Y cuando 'usamos' a Dios en defensa de algo, ponemos ese algo por encima de Dios, convirtiendo a Dios en ídolo"[90].

Un peligro especialmente grave es convertir en ídolo una teoría teológica, una práctica religiosa o una institución eclesial. Las personas de Iglesia y los teólogos somos los primeros que tenemos que aplicarnos la crítica antiidolátrica del primer mandamiento. Es lo que hacía Jesús cuando acusaba a los líderes religiosos nada menos que de "no conocer a Dios" (Jn 7,28; 8,54; 15,21; 16,3). No es que fuesen unos farsantes; la cosa era más seria: las mediaciones religiosas absolutizadas ocupan el lugar mismo de Dios. San Pablo dice a los judeocristianos de Filipo que "su Dios es su vientre" (Fil 3,19), es decir, les acusa de idolatría por el valor supremo que confieren a las normas religiosas de pureza alimentaria.

Dios es mucho mayor que todos los conceptos y que todas las instituciones. La teología clásica hablaba de *analogía*: todas las formulaciones positivas para hablar de Dios pueden ser negadas y superadas. Tomás de Aquino lo expresa con precisión y valentía geniales: "Lo más extraordinario del conocimiento humano es saber que no sabemos nada de Dios" (*De Pot.* 7, 5 ad 14)[91].

---

[90] F. Moracho, *Los Diez Mandamientos*, Bogotá 1991, 100.

[91] En otros lugares, Tomás de Aquino se expresa así: "No podemos comprender lo que Dios es, pero sí lo que no es y cómo los demás seres se relacionan con él" (*Contra Gent.* I, 30); "El hecho de que sepamos de Dios lo que no es sustituye en la ciencia divina al conocimiento de lo que es: porque igual que una cosa se distingue de otra por lo que es, así (en este caso) por lo que se sabe que no es" (*In Boeth. de Trin.* 2, 2 ad 2). En palabras del Concilio Lateranense IV: "No puede afirmarse tanta semejanza entre el Creador y la criatura sin que haya que afirmar mayor desemejanza".

G. Bachl fustiga la inflación verbal de cierta teología y de muchas celebraciones con estas palabras: "En un mundo que encuentra un gran placer en la palabra sin fin y todo lo reduce a esto, Dios ha perecido en la locuacidad de sus testigos oficiales"[92]. Jesús previene contra la palabrería teológica (Mt 6,3). Mientras Job clama, interroga y protesta, sus amigos avasallan el misterio a base de encontrar explicaciones teológicas claras al sufrimiento del inocente. Hay una oración sin palabrería, silenciosa ante el Dios "que oculta su rostro" (Dt 31,17-18; Job 13,24; Is 8,17), el "Dios escondido" (Is 45,15) que, cuando desbarata los planes y rompe los esquemas, es cuando más nos sumerge en su misterio[93]. Wittgenstein reflejaba lo que muchas veces es la auténtica actitud religiosa: "De lo que no se puede hablar, es mejor callarse". Respetar el nombre de Dios es mantener bien viva la conciencia de su misterio.

Pero la prohibición de hacerse imágenes de Dios nos permite ahondar más en la trascendencia característica del Dios bíblico. Y es que sí hay una imagen de Dios: el ser humano (Gen 1,27; 9,6). No se trata de la imagen del ser humano, sino del hombre concreto y real. En efecto, en el encuentro con el prójimo se da la gran interpelación a salir de nosotros mismos, a trascendernos realmente, a optar por el amor; ahí se pone en juego lo más hondo de lo que somos y nos hace vivir; ahí se pone de manifiesto qué tipo de relación mantenemos con el misterio del Ser Absoluto y del Amor Infinito. La relación real con Dios no se corresponde nunca plenamente con las verbalizaciones que de ella nos hacemos, que pueden ser incluso falsas y encubridoras.

A Dios no se le conoce *realmente* cuando se le considera como un objeto. Sólo en una experiencia relacional y única se entra en contacto real con Él. Por eso lo que se opone a la verdad de Dios no es el error o la mentira, sino la injusticia (Rom 1,18).

---

[92] Citado por H. Waldenfels, *Dios, el fundamento de la vida*, Salamanca 1996, 70.

[93] "Es más fácil dejarse hundir en el propio vacío que en el abismo del misterio santo de Dios, pero no supone más coraje, ni tampoco más verdad": K. Rahner, citado por F. Moracho, *o. c.*, 95.

En Dt 4 se desarrolla la prohibición de imágenes y se da la razón: en la gran manifestación del Horeb "vosotros oíais las palabras (*debarim* = mandatos), pero no percibíais figura alguna; sólo una voz" (4,12). Al Dios de la Biblia "nunca nadie le ha visto", pero exhorta continuamente a escuchar. No es objeto que se vea, sino voz que invita a hacer su voluntad, a seguir su camino, a cumplir sus mandatos. El mandamiento principal quiere centrar las energías del ser humano en cumplir la voluntad liberadora y fraternizadora del único Dios.

Llamada al amor al prójimo

No se trata simplemente de afirmar el primer mandamiento, sino de hacerlo de forma recta y operativa. Hay peligro tanto de confesar a Dios desvinculado de las repercusiones éticas con el prójimo –e, incluso, legitimando en su nombre la barbarie moral– como de considerar que el amor de Dios es un equivalente funcional del amor al prójimo, de modo que el primer mandamiento se disolvería en una especie de antropología filantrópica. Desde ambas vertientes se puede vaciar su sentido auténtico.

En el AT el mandamiento principal es inseparable del conjunto de mandamientos que vienen después. En la respuesta al escriba Jesús une, con insólita fuerza, el mandato del amor a Dios y el del prójimo. En el evangelio de Mateo afirma que ambos mandamientos son *semejantes* (22,39). Para san Juan, si no hay amor al hermano es imposible que haya amor a Dios (1 Jn 4,20-21)[94].

Mateo considera el amor a Dios y al prójimo mandatos iguales e inseparables, pero no dice que sean lo mismo. El amor de Dios no se puede sustituir sin más por el amor al prójimo. Dice G. Bornkamm que "esto significaría suprimir la

---

[94] En nuestra cultura occidental, individualista y muy psicológica, la palabra "amor" sugiere, ante todo, emociones y sentimientos; en la antropología hebrea, por el contrario, amor a alguien es hacer su voluntad, cumplir sus mandatos, escuchar su voz e identificarse con su grupo. *Cf.* J. J. Pilch - B. J. Malina (eds.), *Biblical Social Values and their Meaning*, Massachusetts 1993, 110-114.

frontera que ineluctablemente existe entre Dios y el hombre. El que en este sentido considera ambos mandatos como la misma cosa no tiene ningún conocimiento del derecho soberano de Dios y convertirá muy rápidamente a Dios en un mero vocablo o palabra cifrada de la que se podrá prescindir muy pronto"[95].

Éste es un punto clave en la confrontación con "el espíritu de nuestro tiempo". Estoy persuadido de que hoy más que nunca la Iglesia debe dejar muy claro que lo suyo es la apertura al misterio de Dios y su celebración. Sería un tremendo error que, en vista de la notable indiferencia religiosa de buena parte de la sociedad occidental, buscase su relevancia a base del ofrecimiento de servicios sociales. Hay grupos eclesiales que parecen una ONG más. Nunca será demasiado lo que la Iglesia haga por la justicia, pero debe quedar claro que parte siempre de la experiencia de Dios y de su amor. El sacerdote tiene que ser, ante todo, un mistagogo en el misterio de Dios, y conviene decirlo cuando, por la escasez de clero, hay una tendencia manifiesta a la racionalización tecnocrática del ministerio. Más aún, el lenguaje cristológico tiene que estar siempre subordinado al teológico: el creyente no es simplemente "seguidor de Jesús"; hay que añadir que lo es por "la causa de Dios".

El amor a Dios y al prójimo no son sólo inseparables. La auténtica experiencia de Dios descentra y libera, amplía el horizonte vital, crea capacidad de escucha, de acogida de los diferentes y de misericordia con el necesitado. El Evangelio lo dice de varias formas: de la experiencia del amor y del perdón de Dios brota necesariamente capacidad de amar y de perdonar. El "ama al prójimo como a ti mismo" es una invitación a amar al otro en lugar de a ti; se parte del amor que se tiene a uno mismo no para corroborarlo, sino para corregirlo.

Todo esto es, quizá, ajeno a la ética filosófica, pero no es nada ingenuo. Estamos en el corazón de esa experiencia de

---

[95] *Jesús de Nazaret*, Salamanca 1982, 115.

Dios, irreductible, que nos abre al misterio que nos trasciende, que es lo que el primer mandamiento quiere salvar.

El Dios que supera todo lo creado no sólo es la garantía de la libertad humana, sino que desata posibilidades insospechadas. Es un Dios inseparable del prójimo ("lo que hicisteis con uno de éstos..."), pero no se identifica con él. No girar en torno a nosotros mismos nos hace más autónomos y libres. Porque nos encontramos remitidos a un Dios trascendente, creador y "juez", es posible un amor al prójimo que no sea un simple "egoísmo ilustrado", que no se base en el cálculo de nuestro interés. En nombre de Dios se han cometido barbaridades infinitas, pero posiblemente sólo en nombre de Dios se puede promover socialmente la solidaridad sin fronteras que requiere nuestro tiempo[96].

Primer mandamiento y sociedad neoliberal

En la sociedad neoliberal prosperan dos tendencias religiosas, que coinciden en ser funcionales al sistema: un integrismo más o menos fundamentalista y un subjetivismo culturalmente politeísta. Una exacerba el primer mandamiento, pero al margen de la historia; la otra prescinde de él por intolerante.

– La sensibilidad religiosa que más éxito está teniendo en este momento de práctica ampliación planetaria de la modernidad es la religiosidad fundamentalista[97]. Sucede en sociedades muy distintas y en tradiciones diferentes (India, países musulmanes, Latinoamérica...). Con frecuencia, gentes de alta formación técnica son los más fieles adictos de este tipo de religión. Se desea aunar los logros de la modernidad y las relaciones tradicionales[98]. Los *aggiornamentos* críticos y la espiritualidad del compromiso social resultan muy minoritarios. Los neoconservadores piensan que lo sucedido con el Vaticano II demuestra el fracaso de una Iglesia autocrítica y dialogante con la cul-

---

[96] J. B. Metz, "Gotteskrise. Versuch zur geistlichen Situation der Zeit", en J. B. Metz y otros, *Diagnosen zur Zeit*, Düsseldorf 1994, 76-92.

[97] J. M. Mardones, *Neoliberalismo y religión*, Estella 1998, 25.

[98] J. M. Mardones, *o. c.*, 163.

tura. Algunos de los movimientos más prósperos del catolicismo responden a versiones suaves de este fenómeno.

Muchas cosas habría que decir, por ejemplo: ¿es, a la larga, viable asumir los avances de las ciencias naturales y de la tecnología y cerrarse ante las exigencias de las ciencias humanas? Hay que subrayar que la verdad de la aceptación de Dios se mide por el amor eficaz al prójimo que desencadena. No se pueden separar las dos tablas de la ley. Pero hay que decir más. El primer mandamiento exige no identificar a Dios con sus mediaciones institucionales, culturales o dogmáticas. La afirmación radical de Dios es fuente de libertad y de capacidad crítica ante toda causa humana, pero también ante todas las expresiones de su misterio.

– También prolifera en nuestra sociedad un vaga religiosidad centrada en la subjetividad, un *bricolage* espiritual con elementos de diversa procedencia (orientalismo, cristianismo, ecologismo, esoterismo...). Es una búsqueda de espiritualidad que compense las tensiones y angustias, que conforte y ayude a vivir. No estamos lejos del fenómeno de la *New Age*. Es una actitud integradora y relativista, que prefiere hablar de lo divino que de Dios, porque desconfía de un monoteísmo arbitrario y exclusivista. Este talante está magníficamente descrito por J. B. Metz:

> *"Vivimos una especie de crisis de Dios que adquiere forma religiosa; vivimos en cierto modo en una era de la religión sin Dios. Por tanto, la frase clave podría ser ésta: 'Religión, sí; Dios, no', pero sin que ese Dios se entienda a su vez categóricamente, como lo entienden los grandes ateísmos. Ya no hay grandes ateísmos. La polémica sobre la trascendencia parece estar ya fuera de lugar; se ha apagado definitivamente el rescoldo del más allá. Si en los años sesenta se le trasladó, polémicamente, al futuro, vemos que ahora, en sentido terapéutico, se le traslada a la psique"*[99].

Esta actitud no es tan contracultural como parece a primera vista[100], porque resulta perfectamente funcional a los in-

---

[99] J. B. Metz (dr.), *El clamor de la tierra. El problema dramático de la teodicea*, Estella 1996, 9.

[100] J. M. Mardones, *o. c.*, 165.

tereses más poderosos de la sociedad capitalista. Sin duda que la experiencia cristiana puede producir estados de ánimo de consuelo, de sosiego y de paz interior. Pero me atrevería a decir que esto no es lo definitivamente característico. Dios interrumpe lo convencional e interpela desde afuera porque nos remite perentoriamente al prójimo que sufre. Dios "me es más íntimo que yo mismo", pero no se identifica con la subjetividad; la trasciende y la deja, con frecuencia, muda ante el misterio. Este rasgo, el primero del Dios de la Biblia, es el que quiere expresar el mandamiento principal. Como dice Metz, "con Dios llega o regresa el riesgo y llega o regresa el peligro a la religión"[101].

– Una última cuestión de entidad. No hay duda de que la afirmación radical de Dios ha generado, históricamente, a veces, actitudes de intolerancia y de exclusivismo. Sin embargo, en la consideración adecuada del primer mandamiento está el mejor antídoto contra estas deformaciones. Ya he reiterado que la idolatría más combatida por Jesús y por los profetas es la que se esconde detrás del nombre de Dios. El amor de Dios se manifiesta en la libertad personal y en la entrega al prójimo. La afirmación de Dios como único absoluto y el reconocimiento de que nada ni nadie media de forma plena su misterio debe ser la base para la tolerancia más profunda.

Es verdad que en el capítulo 7 del Deuteronomio el reconocimiento exclusivo de Dios produce en el pueblo una conciencia nefasta de exclusividad, de segregación y de violencia contra los extraños. Es fatal cuando el reconocimiento de Dios como único Señor se traduce en conciencia de elección exclusivista. A Jesús le mataron como blasfemo en nombre del primer mandamiento, pero él murió para cumplir la voluntad del Padre. Y es que hay que subrayar que "el Dios que no admite otros dioses frente a Él" es el Padre de todos los hombres, el que derriba todas las fronteras y fun-

---

[101] *O. c.*, 10.

da la fraternidad universal. Cuanto más se le ama al Dios de un pueblo en exclusiva o cuanto más en exclusiva se cree conocer su voluntad en la historia, más se vuelve ese dios un ídolo peligroso.

8

El poder en la Iglesia
según el Nuevo Testamento

En este capítulo nos planteamos un reto fascinante, porque el poder es una preocupación central del Nuevo Testamento, pero también un problema clave de la Iglesia que en nuestros días lee estos viejos y queridos libros. La "fusión de horizontes" entre el lector y el texto se da aquí de forma eminente. En toda sociedad y en cualquier grupo humano, las relaciones no son puramente simétricas; como exigencia de la organización y de la institucionalización de la vida aparecen relaciones de poder, entendido como la capacidad de unos de intervenir en la vida de otros y de obligar, incluso, a adoptar determinados comportamientos.

El proyecto de Jesús dice una relación directa e inmediata a las relaciones humanas: la aceptación del Reino de Dios implica el surgimiento de posibilidades inéditas de vida y de convivencia y la superación de toda relación de dominación. ¿Pero cómo se puede expresar un proyecto de relaciones humanas alternativas a las vigentes en el mundo en unas comunidades que inevitablemente se van institucionalizando?

La compleja red de vinculaciones sociales y de relaciones de poder que existían en las comunidades cristianas se reflejan en los textos que compusieron. Por eso el poder exige un estudio combinado de las afirmaciones explícitas del Nuevo Testamento y de las realidades sociales que implican; es decir, la articulación de la exégesis de los textos con la función sociológica que desempeñan. Demasiada tarea para ser realizada ahora de forma completa. Vamos a fijarnos, como hemos ido haciendo en los capítulos anteriores, en las dos grandes familias de textos del Nuevo Testamento, los evangelios y Pablo. Las comunidades paulinas son las que mejor conocemos y, además, la tradición que reivindica el nombre de este apóstol es la que más ha configurado a la Iglesia posterior. Pero en ambos casos empezaré por el poder sagrado y único que se atribuye a Jesús, porque su naturaleza, tan excepcional, es el paradigma auténtico del poder en la comunidad cristiana.

El poder en la comunidad cristiana según los evangelios

Los evangelios son el gran punto de referencia de la fe y tienen un valor muy superior al resto del Canon, porque nos transmiten las tradiciones primigenias y fundantes. Lo característico de los evangelios es que descubren el poder sagrado y único de Jesús en su vida histórica. Es obvio que este poder nos llega a través de la reacción tan especial que suscitó en los primeros testigos. Dos palabras claves caracterizan a Jesús, la autoridad (*exousia*) y los prodigios (*dunameis*).

El poder de Jesús

La autoridad de Jesús para enseñar asombra a los oyentes, porque (Mc 1,22.27), a diferencia de los escribas, no presenta ninguna acreditación académica ni funda sus argumentos en la exégesis de la ley. Es un poder carismático, que se basa en su propia experiencia de Dios y encuentra un eco profundo en la gente. Recurriendo a las categorías de la antropología mediterránea se ha dicho que el poder de Jesús es el de un "intermediario" privilegiado de Dios.

El poder soberano de Jesús se manifiesta también en la expulsión de espíritus inmundos que, según la concepción del tiempo, deambulaban por el aire y tomaban posesión de la gente angustiando su vida (Mc 1,27; 3,22). Se pone de manifiesto que Jesús es el más fuerte (Mc 33,27) porque ha recibido de una forma excepcional el Espíritu de Dios (1,11), de modo que es su Hijo amado. Pero aún hay más: Jesús transgrede las normas de pureza, que eran el conjunto de normas, legitimadas religiosamente, con las que Israel protegía su identidad como pueblo de Dios. Transgrede el sábado, toca a los impuros y come con los pecadores. Este poder y libertad de Jesús se manifiesta como misericordia, que se pone al servicio de los marginados.

Tan grande es el poder sagrado que descubren en Jesús que llegan a decir que es capaz de perdonar los pecados (Mc 2,10). La admiración y la indignación se reflejan en la pregunta que le dirigen cuando actúa con poder en el templo de Jerusalén: "¿Con qué autoridad haces estas cosas?, ¿quién te ha dado tal autoridad para hacerlo?" (Mc 11,28).

Jesús interpretó sus indudables características de taumaturgo popular como signos de la liberación y del amor de Dios. Según los evangelios, tuvo poderes (*dunameis*) excepcionales puestos siempre al servicio de las necesidades humanas. Lindando ya con cierta mentalidad mágica griega, se llega a afirmar que "de él salía una fuerza que sanaba a todos" (Lc 6,19; Mc 5,30). Pero Jesús no tiene el poder legal de un escriba con largos años de estudio; ni el poder tradicional que le hubiese conferido su pertenencia a una familia sacerdotal; ni era fácil atribuir un poder carismático a quien transgredía el ordenamiento religioso de Israel. Entonces, "¿de dónde le vienen estos poderes?" (Mt 13,54; 14,2).

Jesús rompe los esquemas humanos del poder

El poder misterioso de Jesús atrae a los discípulos y a las gentes (Mc 1,32-34; 3,7). El poder, de cualquier tipo, atrae, pero la vida suele poner a prueba los entusiasmos iniciales. No pasa mucho tiempo y empieza a suscitarse inquietud en el corazón de los discípulos, que deja paso después a una creciente contraposición entre sus expectativas y el proyecto de Jesús. La clave del conflicto es el poder: ¿cuál es el poder histórico del Reino de Dios y de Jesús, su mensajero?, ¿de qué poder van a gozar los que han dejado todo para seguirle?

La primera parte de los evangelios sinópticos, la sección galilea (Mc 1-8,26), está marcada por el conflicto con las autoridades judías. La segunda, el camino a Jerusalén (Mc 8,27-10,52), está caracterizada por el conflicto de Jesús con sus propios discípulos. Se enfrentan "los pensamiento de los hombres contra los pensamientos de Dios" (8,33) precisamente en el tema del poder. Es el choque entre la mentalidad judía de los discípulos, que esperaban un Mesías poderoso, y el Reino de Dios de Jesús, que es la afirmación de la soberanía de Dios como amor puro y, por tanto, sin imposición ninguna, sin poder histórico, como pura gracia y respeto absoluto a la libertad de los humanos. Pero este relato es, al mismo tiempo, la contraposición de la Iglesia de todos los tiempos, que sigue a Jesús, sí, pero que nunca acaba de entender su camino de servicio y sin poder. El tema aparece en torno a los anuncios de la pasión que jalonan el camino a Jerusalén.

Las ansias de poder de Pedro (Mc 8,27-35)

Pedro vislumbra algo del misterio cuando responde a la pregunta de Jesús: "Tú eres el Mesías". Sin embargo, Jesús no aprueba explícitamente esta confesión e impone silencio. A renglón seguido, anuncia por vez primera la pasión: "El Hijo del Hombre debía sufrir mucho...".

Inmediatamente, Pedro "se puso a reprenderle, tomándolo aparte". Es la anticonfesión de Pedro, que no se atreve a responder a Jesús en un debate abierto ante todos. Podemos pensar que sacaría a colación los textos sagrados y las esperanzas mesiánicas del pueblo. Jesús le reprende a su vez, "mirando a sus discípulos", porque Pedro no es sino el representante de la mentalidad de los demás y de la Iglesia de todos los tiempos: "Ponte detrás de mí, Satanás, porque no tienes los pensamientos de Dios, sino los de los hombres". Los discípulos hacen frente común con Satanás, que quiere separar a Jesús de su camino de servicio con la propuesta del poder.

Jesús invita a Pedro y a sus compañeros a la conversión, a que "se transformen mediante la renovación de su mente, a que no se acomoden al mundo" (Rom 12,1-2), a que acepten el camino del servicio y de la solidaridad con los últimos. Es importante observar que Jesús no aleja simplemente a Pedro, sino que le vuelve a invitar a ponerse en su seguimiento[102]. Pero, eso sí, en el camino de la cruz.

Disputas por el poder en la Iglesia (Mc 9,30-50)

El segundo anuncio de la cruz y del servicio tampoco es entendido por los discípulos, que tenían miedo a preguntar, quizá porque vislumbraban las consecuencias peligrosas que aquello acarreaba para su grupo.

Una vez "en casa" (9,33), lugar de reunión de la comunidad cristiana, Jesús entabla un diálogo con los doce. La paradoja es brutal: por el camino, mientras seguían a Jesús, iban discutiendo quién era el mayor entre ellos. ¿No nos encontramos aquí con el vivo retrato de nuestra situación eclesial? Han interiorizado totalmente los valores hegemónicos sobre el poder, el prestigio y el honor. Jesús vuelve a la carga con el resumen de su doctrina: ser primero significa hacerse el último y el servidor (*diakonos*) de todos. Después se levanta, trae un niño y lo pone en medio. Téngase en cuenta que en la mentalidad judía del tiempo no existía ninguna idealización moral o religiosa del niño: el niño era el no-valor, el incapaz aún de cumplir la ley. El lugar central no corresponde ya ni a Pedro, ni a Juan, ni a Santiago, sino a un niño cualquiera, a un necesitado que ni siquiera pertenece al grupo. La comunidad de Jesús tiene que ser servidora y acogedora de quienes son como aquellos niños, de los desvalidos y de los que no cuentan (9,37).

Cuando en un grupo humano saltan las disputas por el poder y por los primeros puestos, inevitablemente surgen di-

---

[102] Jesús increpa a Pedro, que le intenta disuadir para que no vaya por el camino de la cruz, no rechazándole simplemente, sino invitándole a seguirle por el camino del que ahora habla con especial claridad. La Biblia de La Casa de la Biblia traduce acertadamente así: "¡Ponte detrás de mí, Satanás!, porque tus pensamientos no son los de Dios, sino los de los hombres" (Mc 8,33). La justificación de esta traducción en J. Gnilka, *El evangelio según san Marcos,* vol. II, Salamanca 1986, 10-22.

visiones y se rompe la hermandad. El deseo de poder genera actitudes sectarias, que se caracterizan por el celo por monopolizar los bienes y por deslindar las fronteras con los otros. Es lo que vemos en el episodio siguiente (9,38-40). Antes, Pedro se oponía la debilidad de Jesús; ahora, Juan rechaza lo que podríamos llamar debilidad eclesial. Se ufana porque ha impedido expulsar demonios en nombre de Jesús a uno "que no viene con nosotros" (Mc 9,38). Pero Jesús, que sustituye el ansia de poder por la entrega a los necesitados y por el servicio, critica este concepto cerrado de comunidad, que pretende monopolizar el espíritu de Jesús, y promueve una comunidad abierta, consciente de que el Reino de Dios la desborda y de que se goza con ello.

Servicio y no poder (Mc 10,32-45)

Los discípulos siguen a Jesús en su subida a Jerusalén resoplando y de lejos, sorprendidos y llenos de temor (10,32). El tercer anuncio de la pasión es el más largo y explícito (10,33-34). Pero no importa. Los discípulos siguen sin entender. A lo largo de todo el evangelio de Marcos no progresa nada el conocimiento del camino de Jesús por parte de sus discípulos. Al final, uno le traiciona (14,10-11), otro le niega (14,66-72) y todos le abandonan y huyen (14,50). Y no volvemos a saber nada más de ellos.

Ahora, los dos hijos del Zebedeo, Santiago y Juan, se acercan a Jesús para pedirle asientos a su derecha y a su izquierda en su gloria. Siguen pensando en Jesús como en un rey mesiánico y triunfador y aspiran al poder terrenal inmediato según las categorías vigentes en el mundo. Los otros diez reaccionan airados contra Santiago y Juan, evidentemente porque todos aspiraban a los mismos lugares de poder y honor. Volvemos a comprobar que el afán de poder es incompatible con la hermandad.

Las palabras de Jesús tienen ahora una contundencia especial:

> *"Sabéis que los que son tenidos como jefes de las naciones las gobiernan como señores absolutos y los grandes las oprimen con su poder. Pero*

no ha de ser así entre vosotros, sino que el que quiera llegar a ser grande entre vosotros será vuestro servidor, y el que quiera ser el primero entre vosotros será esclavo de todos; porque el Hijo del Hombre no ha venido a ser servido, sino a servir y a dar su vida como rescate por muchos" (Mc 10,41-45).

Aquí hay un imperativo constitucional para la Iglesia de todos los tiempos: *no ha de ser así entre vosotros.* En la comunidad cristiana no pueden existir unas relaciones de poder como las que se dan en cualquier otro grupo social. El más grande tiene que ser quien más sirva, y el primero debe ser el esclavo de los demás. El poder puede ser necesario, pero es siempre expresión de unas relaciones humanas no transparentes, afectadas por la limitación de nuestra naturaleza y por el pecado.

La comunidad cristiana, como lugar donde se acoge la soberanía de Dios y su gracia, tiene que superar la asimetría que introduce el poder y visibilizar la fraternidad y un nuevo estilo de relaciones humanas. Las estructuras de la comunidad cristiana tienen la obligación de ser mucho más transparentes, participativas y comunitarias que las de cualquier otra institución social. Se juega en ello la capacidad de la Iglesia para ser testimonio del Reino de Dios.

Esta exigencia eclesiológica tiene su fundamento cristológico: "El Hijo del Hombre no ha venido a ser servido, sino a servir y a entregar su vida". La Iglesia nace del camino de Jesús, de su voluntad de hacer del servicio la expresión histórica del amor gratuito de Dios. El servicio/*diakonia*, entendido como la entrega completa de la propia vida, define a Jesús. A los ojos de un griego, "servir" es indigno de un hombre libre[103]. Es sorprendente que las responsabilidades eclesiales se designen constantemente en el Nuevo Testamento "servicios"/*diakonia*. Según algunos, se debe a que la comunidad cristiana se entiende como una "contrasociedad", pero creo que es mejor decir que se entiende como la precursora de un nuevo tipo de sociedad humana.

---

[103] H. B. Beyer, *Diakoneô*, *TWNT*, II, 81-94.

Comunidad de hermanas y hermanos

Los primeros grupos cristianos eran hermandades participativas en las que cada uno tenía rostro y nombre para los demás. Es muy claro en Pablo. Pero también aparece en los evangelios, con la particularidad de que se vislumbra en ellos la polémica con una incipiente institucionalización que amenazaba con romper la hermandad, en vez de promoverla.

Familia de hermanos y hermanas sin estructuras patriarcales (Mc 3,20-35)

Esta perícopa es la conclusión de un texto más amplio (3,20-35), en el que se establece una contraposición entre la familia natural de Jesús y la nueva familia formada por quienes le siguen y cumplen la voluntad de Dios. Ambos grupos se rigen por conceptos muy diferentes del poder. Los parientes, los hermanos y la madre piensan que está loco (3,21) y quieren sacarle de la casa donde está reunido ("la casa" en 3,20 es la imagen de la comunidad cristiana) para reintegrarle al hogar patriarcal. Los nuevos valores del Reino, que invierten las jerarquías y ponen en el centro a la persona humana (Mc 3,3), significan una subversión y llevan a pensar que Jesús "está fuera de sí" (3,21). Los parientes de Jesús y los escribas de Jerusalén (3,22), enviados por el centro judío, representan la misma mentalidad.

La comunidad de Jesús no consta simplemente de los doce, sino de los que están sentados en corro alrededor de él y cumplen la voluntad de Dios (3,34-35). En el centro está sólo Jesús, y todos se encuentran a la misma distancia de él. Destaca la igualdad entre varones y mujeres. Vienen a buscarle los hermanos y la madre, pero en su respuesta Jesús introduce entre ambos a las hermanas: *"Quien cumple la voluntad de Dios, ése es mi hermano, mi hermana y mi madre"*. En cambio, no se menciona al padre, porque la comunidad es una hermandad radical.

Se ha solido pensar que aquí Marcos, representante de una comunidad helenista y paganocristiana, polemiza con el

judeocristianismo de Jerusalén, de carácter dinástico y jerar-
quizado, en el que los familiares de Jesús ocupaban los primeros puestos. Es posible. Pero lo que es más seguro es que
Mc reivindica la fraternidad radical del proyecto de Jesús
contra un proceso de institucionalización que introducía en
las comunidades las estructuras patriarcales de la sociedad[104].

La "jerarquía" es radicalmente antievangélica (Mt 23,8-12)

Es bien sabido que las preocupaciones eclesiales se trans-
parentan de forma especial en el evangelio de Mateo. De una
manera explícita, habla del poder que ha recibido el Resucitado y que transfiere a su comunidad: "Me ha sido dado todo poder... haced discípulos... bautizando... enseñando... Yo
estaré con vosotros..." (28,18-20). En efecto, en esta comunidad se perdonan los pecados (9,8) y se toman medidas disci-
plinarias (18,15-18) en nombre del Resucitado y con su poder
(18,19-20). Es decir, hay una cierta institucionalización con
diversos ministerios. Mt acepta este proceso, pero realiza una
crítica durísima contra la introducción en la comunidad de
formas mundanas de poder y jerarquía.

> *"Vosotros, en cambio, no os dejéis llamar Rabbí, porque uno solo es
> vuestro Maestro y vosotros sois todos hermanos. Ni llaméis a nadie Padre
> vuestro en la tierra, porque uno solo es vuestro padre: el del cielo. Ni tam-
> poco os dejéis llamar preceptores, porque uno solo es vuestro preceptor:
> Cristo. El mayor entre vosotros sea vuestro servidor. Pues el que se ensal-
> ce será humillado, y el que se humille será ensalzado" (Mt 23,8-12).*

También aquí se empieza subrayando que el poder en la
comunidad debe ejercerse de una manera radicalmente dis-

---

[104] Entender la Iglesia como fraternidad puede conducir a encerrarla en un gueto,
como sucede en nuestros días a algunos estilos de comunidades. También la gran Iglesia, con el discurso del "pequeño rebaño", puede justificar su alejamiento de la gente y
su incapacidad para encarnarse. El mismo Nuevo Testamento previene contra estos
peligros y recuerda que las comunidades fraternas forman parte de un pueblo de Dios
con gentes procedentes de todas las naciones. Tanto las comunidades fraternas como
la Iglesia en su conjunto deben ser "sistemas abiertos", no pueden encerrarse en sí mismas, porque están al servicio de la liberación de Dios en la historia, que Jesús anunciaba con sus palabras y significaba con sus hechos. *Cf.* P. Hoffmann, *Das Erbe Jesu
und die Macht in der Kirche*, Mainz 1991, 11ss.

tinta. La diversidad de funciones no debe atentar contra el valor primero y más importante, que es la hermandad. Es antievangélico el uso de títulos y distinciones. Expresamente se dice que a ningún cargo en la comunidad se le puede llamar "padre": la confesión de Dios como único Padre, lejos de legitimar la concentración de poder, es para Jesús la garantía más profunda de la igualdad radical. Está claro que también Mt lucha contra el gran peligro de la patriarcalización de la Iglesia. En línea con toda la tradición de Jesús, el poder intracomunitario es presentado como un servicio.

Pero probablemente hay que decir aún más. Los versículos que estamos comentando están incrustados en el capítulo 23, que es un durísimo ataque a los escribas y fariseos del judaísmo. Se les reprocha precisamente que usen su poder para explotar al pueblo y buscar su propio honor. Pues bien, a la luz de los versículos 8-12, Mt probablemente entiende el capítulo entero como una crítica a los líderes de la comunidad cristiana por la forma como ejercen el poder y por cómo se aprovechan de su situación.

Radicalidad antijerárquica
de la comunidad joánica (Juan 13)

¿Hemos captado el impresionante mensaje eclesiológico de la escena del lavatorio de los pies? Es una acción simbólica de Jesús, de especial solemnidad, con la que quiere expresar el sentido de toda su vida y el estilo de relaciones que deben existir en la comunidad cristiana. El lavatorio de los pies era parte del rito de hospitalidad y correspondía a los esclavos no judíos o a las mujeres. También, a veces, los discípulos realizaban esta tarea con su maestro. ¿Cómo es posible que un anfitrión, que sale de Dios y va a Dios, lave los pies a quienes le llaman Maestro y Señor?

Simón Pedro no acepta el signo porque quiere a Jesús en el trono del Mesías. Para Pedro, defender el rango de Jesús es defender el propio. En el cuarto evangelio probablemente Pedro representa al cristianismo mayoritario en su tiempo y con el que su comunidad mantenía unas relaciones difíciles. Jesús hace más que un gesto de humildad: denuncia la vaciedad de la sociedad centrada en el honor y basada en el poder y las jerarquías. El evangelio de Juan quiere una comunidad de discípulos iguales, sin ninguna jerarquía humana, en el que todos "se laven los pies unos a otros". Quizá por eso le costó tanto ser admitido en el Canon a este evangelio.

El poder en la comunidad según san Pablo

El poder de Jesús

Pablo habla normalmente de Jesucristo resucitado, que goza de la máxima cercanía de Dios y, por tanto, detenta la plenitud del poder en la Iglesia y en el cosmos (Rom 1,4; Rom 10,9; 1 Cor 8,6; 1 Cor 15,25; Fil 2,9).

Pese al carácter sincretista de su pensamiento y a la utilización de categorías míticas, Pablo permanece vinculado a la historia de Jesús en dos puntos fundamentales. En primer lugar, en la reinterpretación del poder que, según los evangelios, Jesús cuenta sobre los espíritus impuros. Según la concepción del tiempo, una serie de potencias demoníacas, subordinadas a Satanás y con nombres diversos (potencias, dominaciones, elementos...), pululaban por el aire, estaban detrás de los poderes políticos opresores (*cf.* Ap 13), actuaban en los rebeldes a la fe (Ef 2,2) y eran responsables de numerosos desquiciamientos psíquicos. Estos poderes maléficos angustiaban la vida de mucha gente y, con frecuencia, se recurría a ritos para atraerse su favor (Col 2,18)[105]. Pero ahora el Señor victorioso está a la derecha de Dios, "por encima de los Principados, Potestades,

---

[105] Yo nunca me había fijado especialmente en estos textos, pero comprendí su gran importancia en El Salvador, sobre todo un domingo, cuando vinieron a buscarme unos hombres a la iglesia en que celebraba la eucaristía en el extrarradio de la capital, entre cafetales. Caminamos un buen trecho monte arriba hasta que llegamos a un conjunto de míseras chabolas. Allí, unas señoras angustiadas decían que los espíritus se les metían en casa por todas las rendijas y no las dejaban vivir. Querían un exorcismo. De primeras, quedé perplejo con todo el peso de mi tradición crítica encima. Recordé entonces los textos paulinos y los glosé. Caí en la cuenta de su profunda dimensión liberadora. El Señor, por su muerte y resurrección, ha derrotado a todos los poderes maléficos que oprimen al hombre y le quitan la libertad.

Virtudes, Dominaciones..." (Ef 1,12; Fil 2,9ss; Col 2,15; Rom 8,38-39)[106].

En otro punto clave, Pablo permanece extraordinariamente fiel a la historia de Jesús: su poder no se afirma como dominio sobre las conciencias, ni con violencia o coacción, ni por medio de signos espectaculares. Este poder se expresa como servicio y como renuncia al valor más apreciado en aquella cultura, el honor que correspondía al propio linaje: "Nuestro Señor Jesucristo, siendo rico, por vosotros se hizo pobre a fin de enriqueceros con su pobreza" (2 Cor 8,9).

El poder de Jesús es solidaridad libérrima con la situación humana de mayor ignominia, la de los crucificados. Se trata del poder del amor, de la oferta desarmada y libre de una forma nueva de entender la vida. Por este camino paradójico, tan contrario a los criterios hegemónicos en el mundo, Jesús es constituido Señor y recibe de Dios el poder sobre todo lo creado. Lo proclama el famoso himno de Filipenses:

"El cual, siendo de condición divina,
no retuvo ávidamente el ser igual a Dios.
Sino que se despojó de sí mismo
tomando condición de siervo,
haciéndose semejante a los hombres
y apareciendo en su porte como hombre;
y se humilló a sí mismo
obedeciendo hasta la muerte,
y muerte de cruz.
Por lo cual Dios le exaltó
y le otorgó el Nombre
que está sobre todo nombre.
Para que al nombre de Jesús
toda rodilla se doble
en los cielos, en la tierra y en los abismos,
y toda lengua confiese
que Cristo Jesús es Señor
para gloria de Dios Padre"
(Fil 2,6-11).

---

[106] H. Schlier, *Mächte und Gewalten im NT*, Friburgo 1963; *íd.*, *Riflessione sul Nuovo Testamento*, Brescia 1969, 189-206.

Un dato muy importante para nuestro tema: Pablo presenta este himno sobre *el poder como servicio-hasta-la-muerte-con-los-crucificados* como paradigma de lo que deben ser las relaciones internas en la comunidad cristiana (Fil 2,1-5).

El poder de Pablo en sus iglesias

Pablo se encuentra inmerso en una compleja red de relaciones con la Iglesia de Jerusalén, con otros apóstoles, con sus colaboradores, con diversas iglesias. Entender adecuadamente su poder requeriría estudiar el sistema completo en que se desarrolla su actividad. Me limito ahora a presentar unas pocas características[107].

Pablo goza de una autoridad plena sobre las comunidades que ha fundado. Usa la metáfora del padre (1 Cor 4,15; 2 Cor 6,11-13; 12,14; 1 Tes 2,11) y de la madre (Gal 4,19; 1 Tes 22,7) para expresar la relación que mantiene con estas iglesias: él las ha engendrado y comunicado la vida de Cristo. Como un padre/madre enseña, corrige y se propone como ejemplo a imitar (1 Cor 4,16; 10,33-11,1; 1 Tes 1,6; Fil 3,17; 4,9; Gal 4,12). Las comunidades le deben una obediencia plena. Normalmente, el poder de Pablo no se manifiesta con órdenes expresas; su estilo es más exhortatorio y argumentativo.

---

[107] Señalo dos aspectos que ahora no puedo desarrollar. 1) El apóstol se pasó la vida entre polémicas. Pese a la decisión de la Asamblea de Jerusalén, su autoridad y la legitimidad de su evangelio son discutidos continuamente por otros misioneros que llegan a sus iglesias de Galacia (Gal 1-3), Corinto (2 Cor 10-13) y Filipo (Fil 3). El problema es fácilmente comprensible. Pablo no ha conocido al Jesús histórico ni es un apóstol de la primera hora. Él mismo dice que se le apareció el Señor, pero "en último lugar, como a un abortivo" (1 Cor 15,8). Se esfuerza en reivindicar la legitimidad de su apostolado, su envío inmediato del Señor (Gal 1,1.11.15-16), su inigualable capacidad de trabajo (Rom 15,18-20; 2 Cor 11,23-29). Pero también tuvo que esforzarse toda su vida para que quedase claro que no le desautorizaba la Iglesia madre de Jerusalén. Pablo, en su tiempo, no gozó nunca de un poder unánimemente reconocido en todas las iglesias. 2) En el funcionamiento del poder en las comunidades paulinas, es muy importante la red de colaboradores con que Pablo cuenta, que viven, trabajan y viajan con él, entre los que destacan Timoteo y Tito, enviados como sus delegados a varias iglesias. En Hechos y en las Cartas aparecen más de cien nombres relacionados con el apóstol. *Cf.* E. E. Ellis, "Paul and His Co-Workers", *NTS* 17 (1971), 437-452: presenta una clasificación según la mayor o menor cercanía a Pablo y según la duración de la vinculación. Pablo también colabora con misioneros que no le están subordinados (Bernabé, Silvano, Apolo).

Pero cuando se le enfrentan y agravian en Corinto, saca a relucir con gran energía este poder que tiene sobre sus iglesias (2 Cor 10,1-6; 13,10). Es evidente que el poder de Pablo en sus comunidades es único e irrepetible, pero, sin embargo, es muy instructivo cómo se ejerce.

Pablo, efectivamente, interviene con poder (1 Cor 7,17; 11,17.34; 14,40; 16,1), pero es consciente de que existe una gran diferencia según haya o no un precepto explícito del Señor (1 Cor 7,6.10; 9,14; 14,37; 2 Cor 8,8-10)[108]. Se siente muy obligado por la fidelidad a lo recibido (1 Cor 11,2.16.23; 15,3), pero cuando no hay un precepto del Señor deja claro que lo que dice es su opinión (*gnômê*: 1 Cor 7,25.40; 2 Cor 8,10). Sabe dejar que la comunidad saque sus propias conclusiones: "Os hablo como a prudentes. Juzgad vosotros lo que digo" (1 Cor 10,15).

En dos casos se ve con claridad que es la comunidad la que debe tomar las decisiones. En 1 Cor 5,1-13 reprocha a la comunidad que no haya tomado aún medidas en un caso escandaloso de fornicación. Es un asunto lleno de oscuridades, pero no hay duda de que para Pablo formalmente es la comunidad quien debe adoptar una decisión (versículos 2 y 4). Este texto tiene notables semejanzas con Mt 18,15-20[109]: es importante notar que en comunidades tan diferentes como la judeocristiana y legalista de Mateo y en la paganocristiana y carismática de Corinto existe un poder disciplinar que se ejerce comunitariamente.

En 2 Cor 2,5-11, Pablo exhorta a la comunidad a perdonar a quien le ofendió una vez que el castigo ha surtido efecto. En el v. 6 se ve que este castigo fue impuesto por la comunidad, no por unanimidad, sino por mayoría, lo que da a entender que se recurrió a una votación: "Le es suficiente el castigo impuesto por la mayoría (*tôn pleionôn*)". En el v. 8 se

---

[108] B. van Iersel, "¿Quién tiene, según el NT, la palabra en la Iglesia?", *Concilium* nº 168, 1981, 178-187.

[109] En el vocabulario existen semejanzas: *adelfos* (Mt 18,15 y 1 Cor 5,11); *sunagomai* (Mt 18,20 y 1 Cor 5,4, única vez en Pablo); *eis to emon onoma* (Mt 118,20) y *en tô onomati tou Kuriou Iesou* (1 Cor 5,4). *Cf.* Van Iersel, art. c., 184.

exhorta a la comunidad a tomar una decisión (*kurioô*): "Os exhorto a tomar una decisión de caridad con él". Se trata de un término jurídico, lo que indica que nos hallamos ante un procedimiento formal de decisión[110].

La organización en las iglesias paulinas[111]

Con frecuencia, se ha exagerado la contraposición entre unas iglesias judeocristianas, dirigidas por un colegio de presbíteros al modo de las sinagogas, y las iglesias paulinas, puramente carismáticas en el sentido de carentes de toda institución. Esto no se corresponde con los datos del NT y, además, es un sin sentido sociológico.

Las comunidades paulinas son muy participativas y conocen una gran proliferación de dones espirituales, pero desde el principio se percibe en ellas la existencia de un ministerio de dirección y organización. En 1 Tes 5,12-13, pide consideración y estima para "quienes trabajan entre vosotros, os presiden en el Señor y os amonestan"[112]. En 1 Cor 11,15-16, reclama sumisión a "la casa de Estéfano, que se ha puesto al servicio de los santos". En Fil 1,1, se da un nombre a estos dirigentes: "epíscopos y diáconos". En la iglesia de Cencreas (puerto de Corinto) existe también esta función, que es desempeñada, entre otras personas, por una mujer de nombre Febe (Rom 16,1-2). Los dirigentes de estos textos son personas concretas. En Rom 12,8 y 1 Cor 12,28 se menciona genéricamente a este carisma de gobierno.

¿Cómo se generó este ministerio? Pablo solía hacer de una casa (*oikos*), entendida como lugar y grupo humano, la base de una iglesia local. La explicación más plausible es que el *paterfamilias/oikodespotês* que presidía esta casa, por una evolu-

---

[110] B. van Iersel, art. c. 184.

[111] Entre la bibliografía inmensa sobre este punto, me permito citar B. Holmberg, *Paul and Power. The Structure of Authority in the Primitiva Church as Reflected in the Pauline Epistles*, Philadelphia 1980.

[112] Con el verbo *kopiô* ("trabajar") designa Pablo el trabajo apostólico suyo y de sus colaboradores. *Proistamai* ("presidir") significa "dirigir y tener cuidado de". *Nouzeteô* ("amonestar") quizá indique una cierta labor de enseñanza.

ción muy natural, se convirtió en el principal responsable de su organización. Estos "patriarcas" solían ser normalmente gente emprendedora y de recursos económicos. Parece que Estéfano asumió este papel en Corinto por propia iniciativa, pero, sin duda, contó con la aprobación de Pablo, que había bautizado a su casa (1 Cor 1,16) y pasó mucho tiempo en esa comunidad. En todos los casos tuvo que intervenir el reconocimiento de la comunidad, además, por supuesto, del acuerdo del apóstol.

Pero el carisma de dirección es uno entre muchos y no el más importante. Concretamente, se distingue de los ministerios de profeta y maestro, más tradicionales y más importantes en este momento, encargados de enseñar, transmitir la revelación, exponer las Escrituras y formular la voluntad de Dios al hilo de cada día (1 Cor 12,28). Pablo valora todos los carismas y desea que cada miembro de la comunidad desarrolle los suyos, porque sería un signo nefasto de burocratización que un grupo de especialistas monopolizasen todas las tareas. "No puede el ojo decir a la mano: no te necesito". Más aún, Pablo subraya la importancia de los que son tenidos en menos (1 Cor 12,18-26).

En la comunidad de Corinto hay un entusiasmo enorme y se valoran por encima de todo los fenómenos espirituales excepcionales (los *neumatika*), especialmente el don de lenguas. Pablo desea reconducir este entusiasmo y, sin dejar de reconocer estos *neumatika*, valora más los carismas (*jarismata*)[113], que se manifiestan de una manera más normal pero que contribuyen más a la edificación de la comunidad. Entre ellos se encuentra, ciertamente no en primer lugar, el carisma de gobierno (1 Cor 12,28).

Pablo no instituyó un ministerio en sus iglesias (es claro que Hch 14,23 y 20,17.28 son una ficción lucana), pero acepta la incipiente institucionalización del poder que se da ya en sus comunidades y establece que el criterio que debe presidirla es la "edificación": que contribuya a la participación de la

---

[113] B. Holmberg, *o. c.*, 120-121.

comunidad (1 Cor 14,1-19), a su unidad (12,12-13) y a su expansión misionera (14,23-26). Reconoce el carisma de dirección, pero no le concede un papel decisivo. Su presencia como padre-madre de las comunidades relativiza cualquier autoridad, pero hay algo más. En sus cartas se dirige siempre a *toda* la comunidad y, en los graves conflictos, no dice nada a los dirigentes porque toda su preocupación es que se solucionen con la responsabilidad y participación de todos los hermanos (en 1 Cor: en el caso del incestuoso, cap. 5; en la disputa entre cristianos, cap. 6; en los problemas en las reuniones comunitarias, cap. 11, etc.).

La evolución de las comunidades paulinas

No puedo hacer más que una breve referencia a la institucionalización que recibió el poder en la tradición paulina hegemónica y canónica, que ha configurado decisivamente la historia cristiana posterior[114].

A través de las cartas de la cautividad —Efesios y Colosenses, a las que se puede añadir la primera de Pedro— y de las pastorales se percibe una progresiva patriarcalización de las comunidades cristianas. Es decir, la Iglesia se va configurando según el modelo patriarcal que caracterizaba a aquella sociedad. En las pastorales, las iglesias están dirigidas por colegios de *presbíteros/epíscopos*, compuestos por paterfamilias prestigiosos y probados (1 Tm 3,1-6; 3,12) que han asumido y monopolizado también el poder de enseñar.

Y esto tiene varias consecuencias que simplemente sugiero:

1. La concentración del poder en unos líderes va de la mano con una creciente pasividad de la comunidad; estas cartas van dirigidas a los líderes, no a toda la comunidad, como las cartas paulinas auténticas.

---

[114] La tradición paulina tiene otra versión, representada por el montanismo y por los Hechos de Pablo y Tecla, de marcado carácter profético, que atribuía un gran protagonismo a las mujeres en la Iglesia. Es muy probable que las doctrinas que combaten las cartas pastorales sean precisamente esta otra interpretación de la herencia paulina.

2. La patriarcalización de las iglesias va eliminando a las mujeres de las funciones dirigentes.

3. A medida que las relaciones de poder en la Iglesia se asimilan a las existentes en el mundo, nace el peligro de aspirar a determinados ministerios por las ventajas económicas que se podían obtener (1 Tm 5,17; Gal 6,6) y se establecen cautelas para evitarlo (1 Tm 3,3; Tit 1,7; Hch 20,33-35).

Reflexiones finales

1. En la medida en que la comunidad cristiana sea fiel al Reino de Dios tiene que superar las relaciones de poder, expresión siempre –por necesario que sea– de limitación y de pecado. Esta comunidad tiene que caracterizarse por una participación, transparencia y hermandad en sus relaciones internas mucho mayores que cualquier otro grupo social. En la medida en que se institucionalicen tendrán también que institucionalizarse los mecanismos estructurales que garanticen la participación, transparencia y hermandad. La Iglesia misiona, ante todo, con su "comunión", manifestando una forma nueva de vida social y de amor.

2. En la vida de Jesús descubre la Iglesia el paradigma de un poder paradójico que trastoca los valores dominantes en el mundo. Pero, con frecuencia, el poder en nuestra Iglesia va acompañado de títulos, honores y estilos que banalizan de forma inadmisible las palabras más claras de Jesús.

3. La Iglesia vive del poder único y sagrado del Señor Resucitado. Desde el primer momento, las comunidades se fueron institucionalizando de formas diversas, y la inevitable distribución del poder sólo se justifica en la medida en que es *servicio* a la presencia del Señor, a la hermandad y a la participación de todos. Los apóstoles del pasado van siendo idealizados y se les reconoce un papel único e irrepetible por su cercanía a Jesús. Por eso los escritos del Nuevo Testamento reivindican su autoridad (escritos paulinos, joáni-

cos y petrino; los sinópticos reivindican, sobre todo, la autoridad de Pedro).

4. En la tradición pospaulina del Nuevo Testamento se constata una concentración del poder en los líderes y una reducción drástica de la participación de la comunidad. Las cartas pastorales son una respuesta muy condicionada históricamente ante una situación conflictiva; no pueden considerarse la cumbre del Nuevo Testamento y deben releerse a la luz de las tradiciones más fundantes, originarias y numerosas del Nuevo Testamento.

5. Todos los evangelios dirigen críticas durísimas al ejercicio del poder por parte de los líderes de la comunidad cristiana en un momento en que ésta se está institucionalizando, en buena medida, según el modelo de la sociedad patriarcal. Hay una tensión permanente no entre carisma e institución, sino entre una institución que refleja la novedad del Reino y es participativa y fraterna y otra que sigue la dinámica mundana de concentración del poder en unos líderes por encima de la comunidad.

Índice